Ross Campbell

TEENAGER BRAUCHEN MEHR LIEBE

Ross Campbell

Teenager brauchen mehr Liebe

Ein Handbuch für Eltern,
die ihre Teenager richtig lieben wollen

FRANCKE
Verlag der Francke-Buchhandlung GmbH

Bibliografische Information Der Deutschen Bibliothek
Die Deutsche Bibliothek verzeichnet diese Publikation in der
Deutschen Nationalbibliografie; detaillierte bibliografische Daten
sind im Internet über http://dnb.ddb.de abrufbar.

ISBN 3-86122-610-3
Alle Rechte vorbehalten
Originaltitel: How to Really Love your Teenager
© Scripture Press Publ. Wheaton, USA
© der deutschsprachigen Ausgabe
1983 /2003 by Verlag der Francke-Buchhandlung GmbH
35037 Marburg an der Lahn
Deutsch von Helga G. Weigelt, Darmstadt
Umschlaggestaltung: Henri Oetjen, DesignStudio Lemgo
Satz: Verlag der Francke-Buchhandlung GmbH
Druck: St.-Johannis-Druckerei, Lahr-Dinglingen

Ratgeber-Taschenbuch

Inhaltsverzeichnis

Einleitung

Ein Kind durch die Jahre der Pubertät zu führen, ist ein komplexes Unterfangen und eines, das heute vielen Eltern große Schwierigkeiten bereitet. In fast jeder Hinsicht wird die Situation der Heranwachsenden von Jahr zu Jahr schlechter. Die Selbstmordrate bei Jugendlichen ist so dramatisch gestiegen, dass Selbstmord heute als Todesursache bei Menschen zwischen dem 14. und 20. Lebensjahr an zweiter Stelle steht. Drogenmissbrauch, Kinderkriminalität, ungewollte Schwangerschaften Jugendlicher sind in der Statistik überwältigend.

Was ist geschehen? Viele Eltern sind unsicher, wie sie mit ihren heranwachsenden Kindern umgehen sollen. Sie haben verzerrte Vorstellungen davon, was Pubertät ist und was sie von ihren Kindern erwarten sollen. Sie lieben ihre Teenager, wissen aber nicht, wie sie ihre Liebe so zeigen können, dass die Teenager sich wirklich geliebt und akzeptiert fühlen.

Eltern, die den Wunsch haben, ihren Teenagern das zu geben, was sie brauchen, können das aber lernen. Vielen Eltern hat die Lektüre dieses Buches dabei geholfen.

Ein Teil des Basis-Materials für dieses Buch ist meinem Buch „Kinder sind wie ein Spiegel", Verlag der Francke-Buchhandlung GmbH, 35037 Marburg, entnommen. Da die Bedürfnisse der Teenager jedoch noch komplexer sind als diejenigen kleinerer Kinder, glaube ich, dass Sie nach der Lektüre angenehm überrascht sein werden, zu entdecken, wie aufregend und befriedigend es sein kann, seinen Teenager wirklich von Herzen zu lieben.

1. Der Teenager

Teenager sind Kinder in der Übergangsphase zum Erwachsenenleben. Es sind keine jungen Erwachsenen. Ihre Bedürfnisse, auch ihre emotionalen Bedürfnisse, sind die von Kindern. Einer der häufigsten Fehler, den Eltern, Lehrer und andere den Teenagern gegenüber machen, besteht darin, sie als „Junior-Erwachsene" zu betrachten. Diese Menschen übersehen so deren Bedürfnis geliebt und akzeptiert zu werden, umsorgt und behütet zu sein, anderen wirklich etwas zu bedeuten.

Viel zu viele Teenager haben heute das Gefühl, dass sie keinem Menschen wirklich etwas bedeuten. Deshalb haben viele von ihnen ein Gefühl der Wert-, Hoffnungs- und Hilflosigkeit, sie besitzen wenig Selbstachtung und nur geringe Wertschätzung für sich selbst.

Die heutige Jugend wird von vielen als die „apathische Generation" beschrieben. Woher kommt das? Weil so viele Jugendliche sich negativ sehen und denken, dass sie nicht anerkannt sind. Eine solche Selbsteinschätzung ist das logische Ergebnis, zu dem ein Teenager kommen muss, der sich nicht aufrichtig geliebt und anerkannt fühlt.

Zwei Folgen erschrecken uns am meisten: Depression und Auflehnung gegen Autorität. Solche Jugendliche können leicht Opfer skrupelloser Menschen werden, die junge Menschen für ihre eigenen Zwecke missbrauchen. Sie sind dem Einfluss autoritärer

Gruppen ausgesetzt, die leichte Antworten zu bieten haben und Versprechen geben, die sie niemals erfüllen können. Aber es gibt Möglichkeiten, diese Einstellung bei unseren Jugendlichen zu verhindern und gesunde, tatkräftige und kreative Einstellungen bei ihnen zu fördern.

Eltern und Jugendliche

Eltern von Jugendlichen zu sein, ist in der heutigen Welt schwierig. Ein wichtiger Grund hierfür ist, dass die meisten Jugendlichen ihre Zeit unter der Kontrolle und dem Einfluss anderer verbringen: Lehrer, Gleichaltrige, Nachbarn und Entertainer im Fernsehen. Viele Menschen haben das Gefühl, dass ihre Bemühungen nur geringe Wirkung auf ihre heranwachsenden Kinder haben, gleich wie gut sie ihre Aufgabe als Eltern erfüllen. Aber das Gegenteil ist wahr. Denn es gibt Beweise, dass das Zuhause in jedem Fall die Oberhand hat. Das Zuhause ist stärker als alle anderen Einflüsse, wenn es darum geht zu bestimmen, wie glücklich, sicher und ausgeglichen ein Teenager ist; wie er sich gegenüber Erwachsenen, Gleichaltrigen oder Kindern verhält; wie viel Selbstvertrauen er hat, und wie er auf neue, für ihn fremde Situationen reagiert. Ungeachtet der vielen Abwechslungen im Leben eines Teenagers hat das Zuhause einen tief greifenden Einfluss auf sein Leben.

Ich bin so dankbar, dass das Heim noch immer den Haupteinfluss auf unsere Kinder ausübt. Denn ich möchte, dass meine Kinder unser Zuhause widerspiegeln. Aber dadurch wird meiner Frau und mir als Eltern eine große Verantwortung aufgebürdet.

Ein Teenager kann größer, klüger, stärker oder auf andere Art seinen Eltern überlegen sein, gefühlsmäßig ist er jedoch ein Kind. Er braucht noch immer das Gefühl, dass ihn seine Eltern lieben und akzeptieren. Sobald der Teenager diese unbezahlbare Sicherheit der Liebe und Anerkennung durch seine Eltern nicht spürt, wird er kaum sein Bestes tun oder geben können. Er kann dann seine Leistungsfähigkeit nicht voll ausschöpfen.

Sehr wenige Teenager haben das Glück, sich wirklich so geliebt und anerkannt zu fühlen, wie es sein sollte. Es stimmt, dass die meisten Eltern tiefe Gefühle der Liebe gegenüber ihren heranwachsenden Kindern empfinden. Sie meinen jedoch nur, dass sie selbstverständlich und wirkungsvoll diese Liebe auch mitteilen. Das ist tatsächlich der größte Fehler, den Eltern heute machen, denn die meisten Eltern vermitteln ihren Kindern keineswegs das Gefühl ihrer tief empfundenen Liebe. Warum? Der Grund dafür ist, dass sie nicht wissen, wie man es macht.

Wenn wir mit Teenagern arbeiten, die Probleme haben, so sehen wir, wie sich stets die gleiche Ursache wie ein roter Faden durch ihre belastete Lebenssituation zieht, die Ursache, die diese erst hervorgerufen und verschlimmert hat – das Gefühl nämlich, von den Eltern nicht geliebt oder ernst genommen zu werden.

Hiervon handelt das ganze Buch. Es ist ein Buch, das Eltern Anleitung geben will, damit sie lernen, wie sie ihre Teenager lieben müssen, damit diese ihr

Bestes tun, ihr Bestes geben und sich nach ihren besten Möglichkeiten entwickeln können. Ich bete darum, dass es nicht nur ein Buch mit Antworten für zermürbte und verwirrte Eltern sein möge, sondern auch ein Buch der Hoffnung.

Ich selbst liebe Teenager, sie sind mir ungefähr die liebsten Menschen, die ich kenne. Wenn man ihnen gefühlsmäßig gibt, was sie brauchen, so können sie so gesund und fröhlich reagieren, dass mir manchmal schier das Herz zerspringen möchte.

Ja, sie sind entschieden in der Lage, unsere Geduld und unsere Toleranz bis zum Gehtnichtmehr zu erschöpfen. Ja, manchmal verlieren wir unsere Beherrschung und vergessen all unsere guten Vorsätze und meinen, dass wir einfach nicht mit ihnen fertig werden. Manchmal möchten wir einfach weglaufen oder aufgeben.

Aber, liebe Eltern, harret aus! Unsere Beharrlichkeit lohnt sich wirklich. Denn es ist ein wunderbares Erlebnis, wenn wir zusehen können, wie sich unsere Teenager zu angenehmen und leistungsfähigen Erwachsenen entwickeln. Aber wir müssen realistisch sein: Das kommt nicht von selbst. Wir müssen das Unsere dazu tun.

Ich möchte wirklich, dass dieses Buch zu einer Quelle der Hoffnung für Sie wird. Es wäre mir schrecklich, würde ich Ihnen Schuldgefühle vermitteln. Wir alle machen Fehler. Genauso wie es keine perfekten Kinder gibt, genauso wenig gibt es perfekte Eltern. Lassen Sie nicht zu, dass das Schuldgefühl wegen früherer Fehler ihre Bemühungen zunichte macht, ihre heranwachsenden Kinder gut zu erziehen.

Die meisten Probleme mit Jugendlichen können beseitigt oder vermindert werden, wenn man die Spannungen in den Beziehungen zwischen Eltern und Jugendlichen ausgleicht. Es gibt jedoch einige Probleme mit Teenagern, denen neurologische Erkrankungen oder gesundheitliche Mängel zugrunde liegen, oder die durch diese verschlimmert werden. Diese medizinischen Probleme müssen beseitigt werden, bevor man versucht, Eltern-Teenager-Beziehungen zu korrigieren.

Lena

„Ich kann einfach nicht glauben, dass sie es getan hat", erklärte Frau Bertram, als sie und Herr Bertram in meinem Sprechzimmer saßen und begannen, ihre Leidensgeschichte vor mir auszubreiten. „Sie war so ein gutes Mädchen, immer zufrieden, nie hat sie uns Schwierigkeiten gemacht. Ich dachte, wir hätten Lena alles gegeben, was sie brauchte – Kleidung, Glauben, ein gutes Heim und alles. Sie schien immer glücklich."

„Warum sollte sie jemals versuchen sich umzubringen! Wie konnte sie all die Tabletten nehmen! – Will sie wirklich sterben, oder will sie einfach nur Aufmerksamkeit erregen? Ich bin so verwirrt. Und sie ist so hasserfüllt und übellaunig geworden. Ich kann nicht mit ihr sprechen, und sie will nicht mit mir sprechen. Sie will einfach nur allein sein in ihrem Zimmer. Und ihre Schulnoten sind schrecklich schlecht geworden."

Frau Bertram saß in ihrem Stuhl, ihre Schultern

waren gebeugt, der Glanz war aus ihren früher so leuchtenden Augen gewichen. Als sie mir mehr über die Probleme ihrer Tochter erzählte, wusste ich, dass sie genauso verwirrt und einsam war wie Lena. Dies war ein typisches Beispiel für die Wissenslücke im Verständnis von Teenagern.

„Wann haben Sie diese Veränderungen an Lena bemerkt?", fragte ich. „Etwa zwei oder drei Jahre ist es her", antwortete Frau Bertram. „Aber es kam so allmählich, dass wir uns nichts dabei dachten und nicht annahmen, dass etwas Ernstliches vorliegen könnte, bis vor ganz kurzem. Lassen Sie mich überlegen. Sie ist jetzt 15. Während der letzten paar Monate in der sechsten Klasse bemerkten wir, dass sie alles satt hatte – zuallererst die Schule. Ihre Noten wurden immer schlechter. Der Lehrer klagte über ihre Verträumtheit und mangelnde Teilnahme in der Klasse. Die Lehrer machten sich damals große Sorgen um Lena. Ich wollte, wir hätten auf Frau Körner gehört. Sie war eine so gute Lehrerin.

Dann langweilte Lena ihr Leben immer mehr. Sie gab ihre Lieblingsbeschäftigungen auf, eine nach der anderen, und verlor das Interesse an allem, einschließlich der Kirche. Sie fing an, ihren guten Freunden aus dem Weg zu gehen und verbrachte mehr und mehr Zeit allein. Sie sprach immer weniger.

Aber alles wurde noch schlimmer, als sie in die elfte Klasse kam. Sie zog sich vollständig von ihren alten Freunden zurück und fing an, mit Kindern herumzulaufen, die meistens in irgendwelchen Schwierigkeiten steckten. Lenas Einstellung wurde schlimmer, je ähnlicher sie ihren neuen Freunden wurde.

Und das brachte sie in Schwierigkeiten – in große Schwierigkeiten."

„Aber wir haben fast alles schon probiert", fuhr Frau Bertram fort. „Erst haben wir sie verhauen. Dann fingen wir an, ihre Freiheiten und Rechte einzuschränken. Wir haben sie ausgefragt, wir haben versucht, sie für gutes Benehmen zu belohnen. Wir haben mit allen Leuten gesprochen, von denen wir meinten, dass sie uns helfen könnten ... Ich glaube wirklich, wir haben alles versucht. Kann Lena noch geholfen werden?"

Ich sprach später mit Lena, nachdem ihre Eltern gegangen waren. Sie war ein hübsches Mädchen mit angenehmen Manieren. Obwohl sie zweifellos intelligent war, hatte sie Schwierigkeiten, sich klar und deutlich auszudrücken. Sie teilte sich zumeist in abgerissenen Sätzen mit vielen „Ähähs ..." mit. Lena besaß nicht die natürliche Spontaneität und den Enthusiasmus, den man bei einem jungen Menschen erwartet. Sie war offensichtlich unglücklich, und es war schwierig, mit ihr ins Gespräch zu kommen.

Aber als Lena anfing, sich bei mir wohler zu fühlen, sprach sie freier und ihr Augenkontakt wurde besser. Sie gab durch ihr Verhalten und ihre Worte zu verstehen, dass sie das Interesse an allem verloren hatte, was ihr einmal wichtig gewesen war. Schließlich sagte sie: „Es ist alles so egal. Keiner interessiert sich für mich und ich interessiere mich für nichts. Es ist ja auch alles gleich."

Im Laufe der Unterhaltung wurde deutlich, dass Lena immer häufiger und immer schwerer unter einem Jugendlichen-Problem litt – Depression.

Sie hatte selten Augenblicke, in denen sie zufrieden mit sich oder mit ihrem Leben war. Jahrelang hatte Lena sich nach einer engen, warmen Beziehung zu ihren Eltern gesehnt, aber in den letzten Monaten hatte sie allmählich die Hoffnung aufgegeben, dass sich dieser Traum verwirklichen würde. Immer mehr wandte sie sich den Gleichaltrigen zu, von denen sie annahm, dass sie sie liebevoller akzeptieren würden; aber ihr Elend wurde nur noch größer.

Lena ist ein Beispiel für viele sehr junge Mädchen, die in eine solche tragische Situation geraten. Sie schien glücklich und zufrieden in ihren ersten Lebensjahren. In jenen Jahren war sie ein fügsames Kind, das keine großen Anforderungen an ihre Eltern, Lehrer oder an andere stellte. Also vermutete niemand, dass sie sich nicht wirklich von ihren Eltern geliebt und anerkannt fühlen könnte. Obwohl sie Eltern hatte, die sie wirklich lieb hatten und sich um sie kümmerten, fühlte sich Lena nicht aufrichtig geliebt. Ja, sie wusste verstandesmäßig, dass ihre Eltern sie liebten, und sie würde nie gesagt haben, dass sie sie nicht lieb hatten. Aber Lena hatte nie dieses kostbare und entscheidende Gefühl, dass man sie vollkommen und bedingungslos liebte und anerkannte.

Diese Situation ist schwer zu verstehen, denn Lenas Eltern sind tatsächlich gute Eltern. Sie lieben ihre Tochter und sorgen für sie nach besten Kräften und nach bestem Wissen. Herr und Frau Bertram haben sich Mühe gegeben, alles anzuwenden, was sie gelernt hatten, und haben auch den guten Rat von Fachleuten angenommen. Hinzu kommt, dass ihre Ehe wirklich gut ist. Sie haben eine solide Beziehung und lieben sich wirklich. Einer behandelt den anderen mit Respekt.

Und doch haben die Bertrams, wie viele Eltern heute, bei der Erziehung ihrer Kinder große Schwierigkeiten erlebt, und es fällt ihnen schwer zu begreifen, was man tun muss, um sie richtig durch die verschiedenen Stadien ihres Lebens bis zum jungen Erwachsenenalter zu führen. Wenn man bedenkt, wie die äußeren Anforderungen an die Familie von Tag zu Tag größer werden, kann man leicht mutlos, verwirrt und pessimistisch werden. Steigende Scheidungsziffern, ökonomische und finanzielle Krisen, sinkende Qualität der Schulbildung und sinkendes Vertrauen in Führerschaft, all dies belastet jeden von uns gefühlsmäßig. Während wir Eltern immer größeren physischen, psychischen und geistigen Belastungen ausgesetzt sind, fällt es uns immer schwerer, uns um unsere Kinder zu kümmern. Ich glaube, dass ein Kind, insbesondere ein Teenager, in diesen schwierigen Zeiten den höchsten Preis zu zahlen hat. Der Teenager ist das schwächste Glied in unserer Gesellschaft, und sein größtes Bedürfnis ist Liebe.

Lenas Eltern haben ihre elterliche Verantwortung in der Erziehung ihrer Tochter nach besten Kräften erfüllt – aber irgendetwas ist nicht so wie es sein sollte. Lena fühlt sich nicht wirklich geliebt. Ist das die Schuld der Eltern? Sollte man sie zur Rechenschaft ziehen? Ich glaube nicht. Herr und Frau Bertram haben Lena immer geliebt, aber nie gewusst, wie sie ihr ihre Liebe mitteilen sollten. Wie die meisten Eltern haben sie nur nebelhafte Vorstellungen von den Bedürfnissen eines Kindes – Schutz, Unterkunft,

Nahrung, Kleidung, Schulbildung, Anleitung, Liebe, usw. Sie haben im Wesentlichen all diese Bedürfnisse erfüllt, außer dem Wunsch nach bedingungsloser Liebe.

Ich glaube, dass Eltern, die sich wirklich wünschen, ihren Kindern das zu geben, was diese brauchen, auch lernen können, wie man es macht. Eltern müssen lernen, wie man ehrlich und wirksam seine Liebe auf die Teenager übertragen kann. Und davon handelt dieses Buch.

2. Das Heim

Die erste glückliche Aufgabe von Eltern ist es, ihren Kindern ein liebevolles und glückliches Heim zu bieten. Und die wichtigste Beziehung in diesem Heim ist der eheliche Bund, der Vorrang vor der Eltern-Kind-Beziehung hat. Die Sicherheit des Kindes und die Qualität der Eltern-Kind-Bindung hängen weitgehend von der Art der ehelichen Bindung ab. Sie sehen, wie wichtig es ist, für die bestmögliche Beziehung zwischen Mann und Frau zu sorgen, da dies die Grundlage für das erfolgreiche Bemühen ist, eine positivere Einstellung des Jugendlichen zu seiner Umwelt zu erreichen.

Sven

Svens Eltern brachten ihn zu mir, weil er die Schule schwänzte, kleine Diebstähle beging und ungehorsam war. Die Hoffmanns sprachen über ihren Sohn voller Mutlosigkeit und Ärger. Die Intensität ihrer negativen Gefühle dem Jungen gegenüber bereitete mir Sorge ...

Sven sagte nichts, sondern saß nur ernst da, mit niedergeschlagenen Augen, während er den Anschuldigungen seiner Eltern zuhörte. Als er schließlich sprach, tat er dies mit leiser, ängstlicher Stimme und in kurzen Formeln anstatt in ganzen Sätzen.

Ich widmete mich Sven eine ganze Weile, nachdem seine Eltern gegangen waren und wir allein im

Büro blieben. Er war böse, aber er konnte mir nicht genau sagen, warum. Es wurde mir sehr bald klar, wie groß seine Verwirrung war. Er war verwirrt über sich selbst und über die Beziehung zwischen den Eltern. Sein Fehlverhalten war ihm selbst ein Rätsel, denn er war ein intelligenter Junge und hatte keine Probleme in der Schule gehabt. Er war bei seinen Schulkameraden beliebt und verstand sich gut mit den Lehrern. Er war auch verwirrt über sein Stehlen, denn er brauchte die Gegenstände gar nicht, die er stahl. Und es war klar, dass er erwischt werden wollte.

Svens Fall ist nicht ungewöhnlich. Obwohl seine Eltern es gut meinen, haben sie in der Erziehung mehrere Fehler gemacht. Ihre Ehe ist gestört, im Wesentlichen deshalb, weil das Ehepaar nicht gelernt hatte, seine Gefühle und Meinungen einander mitzuteilen. Frau Hoffmann war nie fähig gewesen, ihren Ärger ihrem Mann gegenüber in offener, gesunder und direkter Weise zu zeigen: Daher gibt sie ihrem Ärger dadurch Ausdruck, dass sie es ihm auf raffinierte und indirekte Weise heimzahlt – z.B. durch Geldverschwendung. Herr Hoffmann, der das Gefühl hat, seiner Frau gegenüber nicht ehrlich sein zu können, drückt seinen Ärger auf eine stille Art und Weise aus, indem er Augenkontakt vermeidet und der Familie und seinen häuslichen Pflichten aus dem Wege geht.

Sven hat seine Lektion gut gelernt. Weil offene, ehrliche Diskussion und das Ausdrücken von Gefühlen im Heim der Hoffmanns nicht existieren, zeigt Sven seine Wut, indem er Dinge tut, die seine Eltern in peinliche Situationen bringen und kränken.

Weil es keine normale Kommunikation bei ihnen gibt, haben Herr und Frau Hoffmann niemals die Gefühle des anderen verstanden, ebenso wenig wie die Erwartungen, die jeder von ihnen in Sven gesetzt hatte. Sie waren somit nie zu einer gemeinsamen Erziehungsstrategie für ihn gekommen.

Dies war verwirrend für Sven gewesen, denn er hatte nie gewusst, was seine Eltern von ihm erwarteten. Er war ein Junge, der natürlich gefallen wollte. Aber wie sollte er das? Er gab es auf, die Normen seiner Eltern zu erfüllen, denn er wusste nie, welche diese waren.

All diese Probleme bestanden, weil die Eltern nie fähig waren, die Dinge miteinander zu besprechen und zu gemeinsamen Entschlüssen zu kommen.

Malte

Erlauben Sie mir, Ihnen einen weiteren Fall zu schildern, der die Wichtigkeit der ehelichen Beziehung bei der Erziehung eines Teenagers illustriert. Malte ist 14 Jahre alt und wurde dabei erwischt, wie er in ein Heim einbrach und mehrere Gegenstände stahl. Seine Eltern brachten ihn zu mir, weil er in der Schule versagte, eine feindselige Haltung angenommen hatte und meistens schlechter Laune war. Seine Geschichte machte deutlich, dass Maltes Eltern mit ihm schon seit mehreren Jahren Schwierigkeiten gehabt hatten. Er war gewöhnlich ungehorsam, lehnte sich ständig gegen die elterliche Autorität auf und setzte sich mit Hilfe von Manipulationen durch. Er spielte die Eltern gegeneinander aus. Diese Taktik führte zu Konflikten zwischen den Eltern. Mutti und Vati stritten sich darüber, wie man mit Malte umgehen müsse, während er tat, was ihm beliebte.

Die Untersuchung zeigte, dass Malte Wahrnehmungsschwierigkeiten hatte, stark depressiv war, und er zeigte bestimmte passiv-aggressive Merkmale (die in Kapitel 7 zu besprechen sein werden). Als ich Maltes Eltern meine Empfehlungen gab, stritten sich die beiden darüber, wie man vorgehen wolle. Selbst mit professionellem Rat waren diese unglückseligen Eltern aber nicht in der Lage, zu logischen und vernünftigen Entscheidungen zu kommen, was ihren Sohn betraf.

Natürlich war eines meiner Hauptziele in diesem Falle, den Eltern zu helfen, ihre eigenen Beziehungen zueinander zu verbessern, damit sie sich in der Frage der Disziplin ihres Sohnes einigen könnten. Denn nur dann würde der Junge seine Eltern respektieren können und würde aufhören, die beiden gegeneinander auszuspielen, und er würde lernen, sich zu beherrschen.

Verständigung ist notwendig

Diese Beispiele zeigen, wie Probleme in den ehelichen Beziehungen zu Schwierigkeiten im Umgang mit unseren Jugendlichen führen können. Jeder Jugendliche braucht Eltern, in deren Ehe Sicherheit, Respekt, Liebe und Verständigungsbereitschaft herrschen. Die Fähigkeit, einander Gefühle mitzuteilen, insbesondere unangenehme Gefühle, stellt einen kritischen Punkt im Eheleben dar. Besonders in Zeiten der Belastung ist dieses ehrliche, offene Gespräch unerlässlich und kann darüber entscheiden, ob die Belastung einer Ehe förderlich ist oder ob die Ehe daran zerbricht.

In meiner eigenen Ehe habe ich diese Bedeutung von Gesprächen immer wieder neu entdeckt, und zwar gewöhnlich auf dem schweren Wege. Ich glaube, die schwierigste Zeit unserer Ehe war die gleich nach der Geburt unserer zweiten Tochter Kathy, die mit mehreren körperlichen Missbildungen geboren wurde. Ich hatte es schon schwer genug, damit fertig zu werden; aber als sie dann etwa ein Jahr alt war, wurde langsam deutlich, dass Kathy auch sehr stark geistig retardiert war und an einer Gehirnlähmung und Krämpfen litt. Als 24-jähriger Ehemann und Vater entdeckte ich Gefühle in mir, die ich nicht für möglich gehalten hatte. Ich empfand Ärger, Wut, äußersten Schmerz, Schuldgefühle, Unzulänglichkeit als Mann, Vater und Ehemann. Ich konnte es kaum ertragen. Viele Male hatte ich nur das Verlangen wegzulaufen, besonders da wir keine Besserung in Kathys Zustand sahen. Sie entwickelte keinerlei Fertigkeiten der Selbsthilfe noch irgendwelche körperlichen Fähigkeiten.

Kathy bedeutete ein Alptraum. Als sie sich schließlich allein auf dem Fußboden vorwärtsbewegen konnte, pflegte sie direkt auf den Mülleimer loszusteuern und versuchte, die Abfälle zu essen (oder alles andere, was sie in den Munde stecken konnte). Sie hatte ein gering ausgebildetes Schmerzempfinden und versuchte oft, ihre Hände auf die heißen Herdplatten zu legen. Man musste Kathy jeden Augenblick aufmerksam beobachten, denn ihr ständiges

Bemühen zielte scheinbar darauf ab, sich selbst in Gefahr zu bringen.

Dies alles begann in meinem ersten Studienjahr an der medizinischen Fakultät. Bei den Kosten, die uns Kathy verursachte, und dem Leistungsdruck des Medizinstudiums, das mir keine Nebentätigkeit erlaubte, war unsere finanzielle Situation katastrophal. Ich erinnere mich, dass ich mir oft überlegte, wie es überhaupt mit unserer Ehe weitergehen sollte.

Pat war stets der reifere Teil in unserer Ehe gewesen. Der Schmerz über Kathy und unsere unhaltbare Situation war ebenso schlimm für sie wie für mich. Aber ihre Reaktion war so ganz anders als meine eigene. Inmitten ständigen Herzeleids sorgte Pat gewissenhaft für Kathys Bedürfnisse, geduldig und sanft mit nimmermüder Liebe. Selten gab sie sich den verheerenden Gefühlen hin, die mich aus dem Haus trieben. Ihre tiefe Liebesfähigkeit, Sanftmut und Geduld waren für mich unfassbar. Und, was das Schlimmste war, ich konnte ihre Qualitäten nicht so würdigen wie ich sollte, denn sie standen im Gegensatz zu meiner eigenen Unfähigkeit, mit der Situation fertig zu werden. Ich hatte das Gefühl, mit ihrer menschlichen Reife verglichen war ich ein ziemlich jämmerlicher Ehemann und Vater. Irgendwie nahm ich ihr das übel und bemühte mich, so oft wie möglich von ihr und Kathy wegzubleiben.

Und doch liebte ich Pat wirklich, und ich wusste sehr wohl, dass ich ihr nun noch mehr auflud, anstatt ihr zu helfen. Also hatte ich Schuldgefühle und kam mir völlig hilflos vor. Ich ging zu mehreren Leuten, um mir Rat und Hilfe zu holen, wie ich mit dieser Qual fertig werden könnte. Aber keiner verstand mich.

Ich glaube, die Dinge erreichten ihren Tiefstpunkt, als die Methode des „Patterning" in der Behandlung von Kindern wie Kathy Mode wurde. Man brauchte fünf Leute, um ihre Arme, Beine und ihren Kopf in zusammenhängenden Bewegungen zu führen, um z.B. das Krabbeln zu simulieren. Mehrere Stunden am Tag musste die ganze Familie mit ihr arbeiten. Die ungeheure Mühe und der ganze entsetzliche Zeitaufwand brachten die Campbells an den Rand des Zusammenbruchs als Familie.

Schließlich fanden wir heraus, so wie viele andere, dass das „Patterning" ein Fehlschlag war, eine absolute Zeitverschwendung. Aber bis wir zu diesem Schluss kamen, war unser Familienleben zerstört.

Aber selbst an diesem Punkt tiefster Niedergeschlagenheit setzte Pat ihre mütterliche Sorgfalt mit Sanftmut, Liebe und unglaublicher Geduld fort. Sie hatte weder ihren inneren Frieden verloren noch ihren unglaublichen Seelenmut.

Ich dagegen? Ich konnte kaum noch. Ich litt innerlich um Kathy von früh bis spät. Ich konnte mich kaum noch auf mein Studium konzentrieren und musste immerfort daran denken, wie es finanziell mit uns weitergehen sollte. Kurz, ich war elend und fürchtete, dass wir nicht mehr lange aushalten würden. Ich fragte mich, wie viel Druck eine Ehe wohl standhalten müsse. Ob sie zerbricht oder einfach nur stirbt?

Zu dieser Zeit war Kathy fünf Jahre alt. Die Situation blieb allgemein unverändert, aber ihre Anfälle wurden schlimmer und ließen sich immer weniger durch Medikamente beeinflussen. Schließlich kam es so weit, dass die geringste Veränderung ihrer Umgebung zum nächsten Anfall führte. Nach einem Anfall wollte Kathy drei Tage nichts essen. Als es zu mehreren Anfällen pro Tag kam, wurde es notwendig, sie über einen Schlauch durch die Nase zu ernähren. Endlich wurde offensichtlich, dass Kathy außerhalb eines Krankenhauses nicht würde weiterleben können. Dann kam die schwierigste und qualvollste Entscheidung unseres Lebens. Wir mussten Kathy für immer in ein Heim für Geistesbehinderte geben. Stellen Sie sich vor, wir sollten unsere geliebte fünf Jahre alte Tochter Leuten ausliefern, die wir nicht einmal kannten. Ich war mir nicht sicher, ob ich dem überhaupt gewachsen war. Aber wieder musste ich feststellen, wie meine liebe, liebe Frau Pat, ebenso von Schmerzen gepeinigt wie ich, genau wusste, was sie zu tun hatte. Sie traf die Entscheidung, fand den Mut sie zu akzeptieren und verlor keinen Augenblick ihren inneren Frieden und ihre Seelengröße.

Ich lerne nur langsam. Aber dieses Mal beschloss ich, von ihr zu lernen anstatt gegen eine unveränderbare Situation bis zum Äußersten zu kämpfen und womöglich noch negative Gefühle gegen meine Frau zu hegen wegen ihrer bewundernswürdigen Haltung, mit der sie die unerträglichsten Qualen des Lebens zu ertragen schien. Ich fand, dass ich viel von ihr lernen konnte. Sie hatte mich gelehrt, so wie es nur eine Frau vermag, mit den unerträglichsten Situationen des Lebens zu leben.

Jeder Persönlichkeitstyp hat seine Vor- und seine Nachteile. In der Situation mit Kathy war Pat die

Stärkere und ich musste von ihr lernen, und manchmal musste ich mich auf sie stützen. In anderen Situationen bin ich besser in der Lage, uns zu helfen, und dann kann ich Pat unterstützen.

Der Sinn all dieser Beispiele ist, verständlich zu machen, dass es in jeder Ehe zu Belastungssituationen kommt. Ob der Druck die Ehe beschädigt und zerstört oder ihr förderlich ist, hängt von der Reaktion des Mannes und der Frau ab. Meine anfänglichen Reaktionen auf eine grässliche Situation waren zerstörerisch. Ich versuchte, sie zu meiden und ließ Pat allein mit der ganzen Last. Durch ihr immer währendes gutes Beispiel zeigte sie mir aber, wie ich meinen Verpflichtungen als Ehemann und Vater nachzukommen hatte und die Verantwortung tragen musste. Indem ich das lernte, wuchs auch meine Achtung und Liebe für sie mehr und mehr. Weil ich lernte, innere Schmerzen zu ertragen anstatt vor ihnen davonzulaufen, sind Pat und ich heute in der Lage, gemeinsam solchen Problemen ins Auge zu sehen, die seelische Schmerzen erzeugen.

Liebe Miteltern, wenn wir die Probleme durchstehen, die unsere Ehen belasten, dann werden wir als Ehegatten daran wachsen. Wenn wir weiter unsere eheliche Verantwortung als eine lebenslange Verpflichtung tragen, dann werden wir in Liebe, Achtung und gegenseitigem Respekt zusammenwachsen. Wir müssen leben und denken, als bestünde gar keine andere Alternative als diese Ehe, um zum Erfolg zu führen. Das ist eine Aufgabe, eine schwere Aufgabe. Um sie zu erfüllen, bedarf es dieser lebenslangen Bindung beider Eheleute. Viele Ehen beruhen heute auf einer

Einstellung des „Abwarten und Sehen": „Wir wollen es mal versuchen, und wenn es nicht klappt, dann gehen wir eben wieder auseinander." Keine Ehe kann auf dieser Basis wirklich gut gehen. Gibt es heute etwas, was seltener wäre als die totale, lebenslange Bindung in einer Ehe? Unsere Art zu leben basiert auf dem Zusammenhalt der Familie. Wenn dieser Zusammenhalt nicht neu geschaffen und gepflegt wird, dann mag die Ehe zum Untergang verurteilt sein.

Umgekehrte Rollen

Eine Situation, die heutzutage ziemlich häufig zu beobachten ist, ist der besondere Rollentausch, bei dem Eltern fordern, dass ein Kind ihre emotionalen Bedürfnisse erfüllt. Dies kann zwar in jeder Familie geschehen, aber es ist wahrscheinlicher bei allein erziehenden Eltern.

Manche allein erziehenden Eltern erliegen der Versuchung, ihre heranwachsenden Kinder als Kollegen oder Vertraute zu behandeln. Die Situation ist für sie insofern schwieriger, als sie in ihrem Heim keinen Gesprächspartner ihres eigenen Niveaus haben.

Wegen ihrer Einsamkeit, ihrer Minderwertigkeitsgefühle, Depressionen oder aus anderen Gründen können es allein erziehende Eltern manchmal schwer vermeiden, ihre Teenager wie Gleichaltrige zu behandeln. Manchmal vertrauen solche Eltern den Jugendlichen intime persönliche Informationen an, für die diese noch nicht reif sind. Solche Eltern neigen dazu, die „besten Freunde" ihrer heranwachsenden Kinder zu sein, anstatt eine gesunde Eltern-Kind-Beziehung zu unterhalten.

Ich habe extreme Beispiele hierfür gesehen: Tim war ein Junge von 16 Jahren, der häufig mit seinem Vater in einer Kneipe trank. Obwohl dies geschah, weil der Vater sich einsam fühlte und keine Freunde hatte, rechtfertigte er sein Verhalten vor sich damit, dass er aus seinem Sohn einen „Mann machen wolle".

Ich denke an Julia, deren Mutter ihren Freund bat, einen anderen Freund für Julia mitzubringen, damit sie alle zusammen ausgehen konnten. Obwohl dies offensichtlich extreme Beispiele sein mögen, sind solche Verhaltensweisen keineswegs ungewöhnlich. Geringere Formen des Missbrauchs von Jugendlichen auf diese Weise sind sehr üblich. Zum Beispiel beschweren sich Eltern ihren jugendlichen Kindern gegenüber darüber, wie einsam, deprimiert, unglücklich oder ausgenutzt sie sich fühlen. Das ist *kein* elterliches Verhalten. Eltern haben vielmehr die emotionalen Bedürfnisse ihrer Kinder zu erfüllen. Wenn ein Teenager die emotionalen Bedürfnisse eines Elternteils erfüllen muss, so ist dies ein falscher Rollentausch und ungesund. Ein Kind, das so behandelt wird, kann sich nicht normal entwickeln. Ob wir nun allein stehend oder verheiratet sind, wir Eltern müssen stets unsere Stellung als Mutter oder Vater zu Hause bewahren. Wir sind dafür verantwortlich, dass die emotionalen Bedürfnisse unserer Kinder erfüllt werden. Wenn wir diese naturgegebene Ordnung umkehren und von ihnen verlangen, dass sie uns emotional das geben, was uns sonst verweigert wird oder fehlt, dann tun wir ihnen weh – und wir zerstören unsere Beziehung zu ihnen. Wir müssen unsere emotionale Erfüllung anderweitig finden – nicht bei unseren Kindern.

Mir hat es nie besonders viel Spaß gemacht, für irgendjemand eine Autorität zu sein, besonders nicht für meine Kinder. Auch ich neige dazu, meine Kinder als gleichaltrige Freunde zu behandeln, aber ich wage es nicht. Ja, ich bin liebevoll und freundlich zu ihnen, und es macht mir Freude, mit ihnen zu lachen und herumzualbern. Gelegentlich pflege ich ihnen auch geeignete persönliche Dinge anzuvertrauen, aber nur aus erzieherischen Gründen, damit sie daraus lernen können – nicht zu meinem eigenen emotionalen Nutzen. Ich darf nie vergessen, dass ich ihr Vater bin, und dass sie meiner Autorität und meiner Anleitung bedürfen. Wenn ich nachlässig werde oder meine Verpflichtung nicht mehr wahrnehme, die Autorität in meinem Heim auszuüben – zusammen mit Pat, denn auch sie muss ihre Autoritätsstellung einnehmen –, dann werden meine Kinder nicht glücklich sein. Sie werden ein Gefühl der Unsicherheit haben und in die Gefahr geraten, schlechte Verhaltensmuster anzunehmen.

Ich darf meine Kinder nicht als Berater benutzen oder mich an ihren Schultern ausweinen, auch darf ich nicht von ihnen gefühlsmäßigen Halt verlangen oder sie als Kollegen behandeln. Natürlich kann ich sie gelegentlich um ihre Meinung oder um ihren Rat bitten, solange ich dies nicht in einer Weise tue, dass sie mich emotional aufrichten müssen. Ich kann von ihnen nicht verlangen, dass sie mir dazu verhelfen, mich besser zu fühlen. Es ist unmöglich, mit meinen heranwachsenden Kindern stets gleich bleibend fest zu sein, wenn ich von ihnen emotional abhängig bin.

Als Eltern ist es unsere oberste Pflicht, unseren Kindern das Gefühl zu vermitteln, dass sie wirklich geliebt werden. Unsere zweite Pflicht ist es, Autoritäten für unsere Kinder zu sein und ihnen liebevoll Disziplin beizubringen.

3. Bedingungslose Liebe

Die wichtigste Grundlage für eine solide Beziehung zu Ihrem heranwachsenden Kind ist die bedingungslose Liebe. Denn nur bedingungslose Liebe kann Probleme verhindern wie Abneigung, Schuld, Angst oder die Unsicherheit, ob man erwünscht ist oder nicht.

Nur wenn Ihre Beziehung zu Ihrem Teenager auf der Grundlage bedingungsloser Liebe beruht, nur dann können Sie darauf vertrauen, keine Fehler in der Erziehung zu machen. Ohne diese Grundlage ist es unmöglich, Ihr heranwachsendes Kind wirklich zu verstehen oder zu wissen, wie man es führt oder mit seinem Verhalten zurechtkommt.

Ohne bedingungslose Liebe ist das Elternsein eine verwirrende und frustrierende Last. Diese Liebe wirkt als Leitstern, der Ihnen immer zeigt, wo Sie sich gerade mit Ihrem Kind befinden und wie es weitergehen soll. Wenn Sie mit der bedingungslosen Liebe anfangen, können Sie Ihr Wissen und Ihr Können darauf aufbauen, um täglich Ihr Kind zu führen und seine Bedürfnisse zu erfüllen. Sie werden dann auch wissen, wo Sie als Eltern richtig gehandelt haben und wo falsch.

Sie wollen doch das Gefühl haben, dass Sie gute Eltern sind. Viele Leute bezweifeln, ob das möglich ist. Lassen Sie mich Ihnen versichern, dass es sehr wohl möglich ist, sowohl gute Eltern zu sein als auch darauf vertrauen zu können, dass Sie es sind.

Was ist bedingungslose Liebe?

Bedingungslose Liebe bedeutet, sein Kind zu lieben:

* *gleichgültig, wie es aussieht,*
* *gleichgültig, welche Vorzüge, Neigungen und Nachteile es hat,*
* *gleichgültig, wie es sich benimmt.*

Das bedeutet nicht, dass Sie sein Verhalten immer mögen. Bedingungslose Liebe bedeutet, dass Sie Ihren Teenager lieben, selbst wenn Sie sein Verhalten verabscheuen.

Bedingungslose Liebe ist ein Ideal. Man kann einen Jugendlichen oder irgendjemand anderen nicht die ganze Zeit hundertprozentig lieben. Aber je näher Sie diesem Ziel kommen, umso zufriedener und sicherer werden Sie sich fühlen. Und umso angenehmer und zufriedener wird Ihr Kind sein. Ich zum Beispiel kann für meine Teenager nicht die ganze Zeit Liebe empfinden. Aber ich halte mir selbst zugute, dass ich versuche, zu diesem wunderbaren Ziel zu gelangen, sie bedingungslos zu lieben. Ich helfe mir dabei, indem ich mich ständig daran erinnere:

* *dass Teenager Kinder sind,*
* *dass Teenager sich gewöhnlich wie solche benehmen,*
* *dass das Benehmen von Teenagern zumeist unangenehm ist.*

Wenn ich meinen Teil als Vater dazu tue und sie trotz ihres unangenehmen Benehmens liebe, dann werden sie in der Lage sein, zu reifen und ihre unreifen Verhaltensweisen abzulegen. Wenn ich sie nur dann liebe, wenn sie mich erfreuen (bedingte Liebe), und wenn ich ihnen nur dann meine Liebe zeige, dann werden sie sich nicht wirklich geliebt fühlen. Dadurch wiederum werden sie verunsichert; es würde ihr Selbstbild zerstören und sie praktisch daran hindern, reifere Verhaltensweisen anzunehmen. Daher bin ich ebenso verantwortlich für ihr Benehmen wie sie selbst.

Wenn ich sie bedingungslos liebe, dann werden sie sich in ihrer Haut wohl fühlen und sich selber mögen. Dadurch werden sie in der Lage sein, ihre Ängste zu beherrschen und daher auch später ihr Benehmen, je mehr sie erwachsen werden.

Wenn ich sie nur dann liebe, wenn sie meine Ansprüche und Erwartungen erfüllen, dann werden sie sich untüchtig vorkommen. Sie werden glauben, dass es fruchtlos ist, ihr Bestes zu tun, da es ja doch nie genug ist. Unsicherheit, Angst und geringe Selbstachtung werden sie quälen. In ihrem gefühlsmäßigen und verhaltensmäßigen Wachstum wird es beständig zu Behinderungen kommen. Auch hier trifft zu, dass ihr Wachstum ebenso sehr in meiner Verantwortung liegt wie in der ihren.

Um meinetwillen, als sich mühender Elternteil, und um meiner Kinder willen bete ich, dass meine Liebe für sie so bedingungslos sein möge, wie es irgend geht. Die Zukunft meiner Kinder ist von dieser Grundlage abhängig.

„Liebst du mich?"

Wissen Sie, welches die wichtigste Frage für Ihren Teenager ist? Ohne dass er es merkt, fragt er beständig: „Liebst du mich?" Es ist mit Abstand die wichtigste Frage in seinem Teenager-Leben. Und er stellt die Frage in erster Linie durch sein Benehmen und weniger mit Worten.

„Liebst du mich?" Die Antwort, die Sie auf diese Frage geben, ist absolut entscheidend. Wenn Ihre Antwort nein ist, dann wird Ihr Teenager weder so gut sein wie er könnte, noch sein Bestes tun. Ihre Antwort muss „ja" lauten, aber wenige Eltern können diese Antwort geben. Nicht, dass diese Eltern ihre Kinder nicht lieben. Das Problem ist, dass die meisten Eltern nicht wissen, wie man mit „ja" antwortet; sie wissen nicht, wie sie ihren Teenagern ihre Liebe mitteilen sollen.

Wenn Sie Ihren Teenager bedingungslos lieben, dann fühlt er, dass die Antwort „ja" lautet. Wenn Sie ihn bedingt lieben, wird er unsicher und ängstlich werden. Ihre Antwort auf jene kritische Frage: „Liebst du mich?" entscheidet tatsächlich über die Grundeinstellung Ihres Kindes zum Leben überhaupt. Welch eine Feuerprobe!

Einer der Hauptgründe, warum die meisten Eltern nicht wissen, wie sie ihre Liebe ihrem Kind mitteilen sollen, ist der, dass Teenager ebenso wie jüngere Kinder sich am Verhalten orientieren. Erwachsene orientieren sich in erster Linie an verbalen Äußerungen.

Ich will Ihnen dies an einem Beispiel erläutern. Während ich hier in den Bergen von North Carolina sitze und schreibe, befindet sich meine Familie in Chattanooga. Hätte ich ein Telefon hier, könnte ich meine Frau zur glücklichsten Frau im Bezirk Hamilton machen. Ich würde sie anrufen und etwa sagen: „Hallo Pat, ich wollte dir nur sagen, wie sehr ich dich liebe." Sie würde sich im siebten Himmel fühlen.

Aber wenn ich den gleichen Hörer abheben und meinen neunjährigen Sohn Dale anrufen würde, um ihm zu sagen: „Hallo Dale, hier ist dein Papi, ich wollte dir nur sagen, wie sehr ich dich liebe." Wissen Sie, was wahrscheinlich seine Reaktion wäre? „Ja, Papi, aber warum rufst du an?"

Sehen Sie den Unterschied? Meine Frau orientiert sich an verbalen Äußerungen, und der verbale Ausdruck der Liebe hat für sie eine tiefe Bedeutung. Mein Sohn dagegen orientiert sich am Verhalten. Mein verbaler Ausdruck der Liebe zu ihm ist wichtig, aber es genügt einfach nicht, um ihm das Gefühl zu geben, dass er wirklich geliebt wird, echt und bedingungslos. Würde ich meinen 13-jährigen Sohn David anrufen, so wäre seine Reaktion fast genau die gleiche wie die von Dale. Mein verbaler Ausdruck für Liebe wäre schon sehr viel bedeutungsvoller für meine 20-jährige Tochter Carey, aber noch immer nicht so wie für Pat.

Ein warmes Gefühl der Liebe für Ihr heranwachsendes Kind in Ihrem Herzen zu empfinden ist wunderbar, aber es ist nicht genug!

Zu einem Kind zu sagen „Ich liebe dich", ist großartig, und man sollte es auch tun, aber es genügt nicht. Damit Ihr Teenager weiß und fühlt, dass Sie ihn lieben, müssen Sie auch durch Ihr Verhalten beweisen, dass Sie ihn lieben, denn er orientiert sich in erster Linie am Verhalten. Nur dann kann er „ja" zu der entscheidenden Frage in seinem Herzen sagen, die da lautet: „Liebst du mich?" Ihr Kind erkennt Ihre Liebe zu ihm an dem, was Sie sagen und tun. Aber was Sie tun, wiegt mehr. Ihr Teenager wird viel mehr berührt von Ihren Taten als von Ihren Worten.

Es ist auch wichtig daran zu denken, dass Ihr heranwachsendes Kind eine emotionale Reservebatterie braucht. Batterie ist hier natürlich nur sinnbildlich gemeint, aber es steckt etwas sehr Wahres dahinter. Ihr Kind hat bestimmte emotionale Bedürfnisse, und ob diese emotionalen Bedürfnisse erfüllt werden (durch Liebe, Verständnis, Disziplin, usw.) entscheidet mit darüber, wie es sich fühlt, ob es zufrieden, ärgerlich, deprimiert oder voller Freude ist. Dies wirkt sich auch sehr stark auf sein Benehmen aus – ob es gehorsam, ungehorsam, weinerlich, schnippisch oder zurückgezogen ist. Natürlich werden seine Gefühle umso positiver, sein Benehmen umso besser sein, je besser seine Batterie geladen ist.

Hier möchte ich eine der wichtigsten Aussagen dieses Buches machen: *Nur wenn seine seelische Batterie geladen ist, können Sie von einem Jugendlichen erwarten, dass er so gut ist, wie er sein könnte und dass er sein Bestes tut.* Sie als Eltern sind dafür verantwortlich, dass die seelische Batterie immer geladen ist.

Spiegel der Liebe

Kinder und Jugendliche muss man sich wie Spiegel vorstellen. Sie spiegeln Liebe eher wider als dass sie selbst Liebe abgeben. Nur wenn ihnen Liebe gegeben wird, können sie sie auch widergeben. Wenn keine gegeben wird, haben sie nichts zum Abgeben. Bedingungslose Liebe wird bedingungslos wiedergegeben, und bedingte Liebe wird ebenso nur bedingt zurückgegeben.

Als Beispiel für wiedergespiegelte Liebe wollen wir auf Lena zurückkommen, der wir in Kapitel 1 begegnet sind. Die Liebe zwischen Lena und ihren Eltern war Beispiel für eine bedingte Beziehung. Leider meinten ihre Eltern, sie müssten sie ständig zu besseren Leistungen anspornen, indem sie ihr Lob, Wärme und Zuneigung vorenthielten, es sei denn, sie hätte wirklich einmal etwas Außerordentliches gebracht (wenn sie stolz auf sie sein konnten). Sonst enthielten sie ihr die Liebe vor, weil sie meinten, zu viel Lob und Zuneigung würden sie verderben und ihre Bemühungen um bessere Leistungen verringern. Als Lena älter wurde, hatte sie mehr und mehr das Gefühl, dass ihre Eltern sie nicht wirklich um ihrer selbst willen lieben oder anerkennen würden, dass es ihnen eigentlich nur um ihre Selbstachtung als Eltern ging.

Bis Lena ein Teenager geworden war, hatte sie sehr gut von ihren Eltern gelernt, wie man nur bedingt liebt. Sie benahm sich nur dann so, wie es ihren Eltern gefiel, wenn ihre Eltern etwas Besonderes für sie taten. Natürlich, jetzt wo sich Lena und ihre Eltern beide in dieser Weise verhielten, konnte keine Seite der anderen das Gefühl des Geliebtseins vermitteln, da jeder beständig darauf wartete, dass der andere zuerst etwas tun würde.

Dies ist das typische Ergebnis bedingter Liebe. Das „Liebegeben" hört schließlich auf und setzt immer erst dann wieder ein, wenn die andere Person etwas sehr Erfreuliches tut, damit es wieder weitergeht. Alle werden immer enttäuschter, verwirrter und unsicherer. Am Ende setzen Depressionen, Ärger und Abneigung ein. Im Fall der Bertrams haben diese veranlasst, Hilfe zu suchen.

Seelische Batterien

Wie wir schon erwähnt haben: Teenager sind gefühlsmäßig noch Kinder. Um dies zu illustrieren, wollen wir einmal sehen, wie ähnlich ein Teenager einem Zweijährigen ist. Ein Teenager bemüht sich wie ein Zweijähriger um Unabhängigkeit, und beide haben sie seelische Batterien, aus denen sie Energie beziehen. Wenn die Seelenbatterie leer ist, dann werden Teenager und Zweijähriger das Gleiche tun – zu ihren Eltern zum Nachladen kommen, damit sie weiter ihrer Unabhängigkeitssuche nachgehen können.

Nehmen wir einmal an, eine Mutter bringt ihr Zweijähriges in eine neue Umgebung, wie z.B. zum „Mutter-und-Kind-Turnen". Erst wird das Kind sich an seine Mutter klammern, um seelischen Halt zu finden. Wenn seine Seelen-Batterie geladen ist, wird es anfangen, seine Unabhängigkeit anzuwenden, indem es die Umgebung erforscht. Zuerst wird es einfach nur neben seiner Mutter stehen und sich umsehen. Wenn seine Batterie wieder langsam leer wird, wird es sich wieder an die Mutter wenden und durch Augenkontakt, körperlichen Kontakt und Forderung nach gezielter Aufmerksamkeit seine Batterie aufladen. Jetzt ist es wieder bereit, seine Unabhängigkeit einzusetzen. Diesmal wird es sich vielleicht bis zum Ende der Reihe vorwagen, ehe der „Gefühlssaft" wieder aufgebraucht ist. Vielleicht sucht es auch den Kontakt mit einem gerade in der Nähe sitzenden Erwachsenen, ehe der letzte Saft aufgebraucht ist.

Erkennen Sie das Muster? Das Kind muss wiederholt zur Mutter oder zum Vater zurückkehren, damit seine Seelenbatterie neu geladen wird, um seinen Kampf um Unabhängigkeit fortsetzen zu können. Genau das Gleiche geschieht mit dem Teenager, insbesondere am Anfang der Pubertät. Er versucht vielleicht mit verschiedenen Mitteln, seine Bemühungen um Unabhängigkeit anzuwenden (und manchmal auf störende und ärgerliche Weise). Er braucht die Energie aus seiner Seelenbatterie, damit er es schafft. Und wo bekommt er seine Batterie geladen? Richtig, bei seinen Eltern. Der Teenager versucht, seine Unabhängigkeit zu erlangen auf typisch jugendliche Art – indem er alles selbst schaffen will, ohne seine Familie weggehen, elterliche Vorschriften auf ihre Gültigkeit untersuchen usw. Aber letzten Endes wird er doch keine Energie mehr haben – seelisch, und er wird zurückkommen zu den Eltern, zur seelischen Wartung – zum Aufladen. Und das ist es ja auch, was wir uns als Eltern von unseren Kindern wünschen. Wir möchten, dass unsere heranwachsenden Kinder zu uns kommen können, wenn sie seelische Bedürfnisse haben.

Es gibt eine Reihe von Gründen, warum dieses Aufladen der Batterie so wichtig ist:

- *Jugendliche brauchen ausreichend seelische Nahrung, wenn sie ihr Bestes geben und so gut wie möglich gedeihen sollen.*
- *Sie brauchen unbedingt gefüllte Batterien, um die Sicherheit und das Selbstvertrauen zu spüren, deren sie bedürfen, um mit Gleichaltrigen zurechtzukommen, die Druck auf sie ausüben und Forderungen an sie stellen. Ohne dieses Vertrauen neigen Jugendliche dazu, dem Druck der Gleichaltrigen nachzugeben, und sie haben Schwierigkeiten, gesunde ethische Werte zu bewahren.*
- *Das seelische Aufladen ist entscheidend, weil, während es stattfindet, die Leitung zwischen Eltern und Kindern nicht abreißen kann. Wenn die Batterie bei einem Teenager leer ist und er elterliche Liebe sucht, dann ist das Gespräch so viel leichter.*

Die meisten Eltern sehen nicht ein, wie wichtig es für ihre Kinder ist, dass sie zu ihnen kommen können, um ihre Batterie aufladen zu lassen. In den Zeiten, wenn ein Teenager seiner Unabhängigkeit nachjagt, kann es geschehen, dass er seine Eltern so sehr ärgert, dass er bei ihnen gefühlsmäßige Überreaktionen hervorruft, und zwar gewöhnlich durch übergroßen Ärger. Diese gefühlsmäßige Überreaktion, wenn sie zu stark oder zu häufig vorkommt, macht es dem Jugendlichen außerordentlich schwer, wenn nicht vielleicht unmöglich, zu seinen Eltern zum seelischen Batterieaufladen zu kommen. Wenn dann die Verbindung zwischen Eltern und Kind gerissen ist, dann wendet sich der Teenager vielleicht an Gleichaltrige, um seine seelischen Bedürfnisse zu erfüllen.

Welch eine gefährliche und manchmal sogar katastrophale Situation. Denn dann ist der Jugendliche dem Druck Gleichaltriger, dem Einfluss religiöser Sekten und skrupelloser Personen ausgesetzt, die junge Menschen missbrauchen.

Wenn Ihr Teenager Sie prüfen will, indem er sich ungehörig benimmt, um unabhängig zu sein, so müssen Sie sich hüten, gefühlsmäßige Überreaktionen zu zeigen. Das heißt nicht, dass Sie das schlechte Benehmen gutheißen. Sie müssen Ihre Gefühle ehrlich, aber angemessen ausdrücken, d.h. ohne extreme Wut, ohne Schreien, ohne Schimpfworte, ohne dass Sie das Kind verbal angreifen oder sonst die Kontrolle über sich verlieren. Sie müssen es so sehen: Wenn jemand, den Sie kennen, übermäßig reagiert und einen Skandal macht, wie werden Ihre Gefühle davon für diese Person beeinflusst? Ihr Respekt für diesen Menschen wird doch nachlassen, nicht wahr, insbesondere, wenn er oft die Selbstbeherrschung verliert.

Je häufiger Eltern in Gegenwart ihrer Kinder ihre Selbstbeherrschung verlieren, umso weniger Respekt wird ein Teenager für seine Eltern haben. Sie sollten alle Anstrengungen machen, um Ihre Selbstbeherrschung zu bewahren, gleich wie Ihr Kind sein Bemühen um Unabhängigkeit ausdrückt. Sie müssen die Wege offen halten, über die Ihr Teenager zu Ihnen zurückkehren kann, um seine Seelenbatterie laden zu lassen. Dies ist entscheidend für ihn, wenn er als gesunder Mensch ins Erwachsenenleben treten soll.

4. Gezielte Aufmerksamkeit

Ihrem Teenager gezielte Aufmerksamkeit zu widmen braucht Zeit. Das ist auch der Grund, weshalb es schwieriger ist, diese zu geben als einfach nur Augen- oder Körperkontakt. Augen- und Körperkontakt bedürfen selten eines wirklichen Opfers seitens der Eltern. Bei gezielter Aufmerksamkeit ist dies anders. Sie braucht Zeit und manchmal eine ganze Menge Zeit. Es kann bedeuten, dass Sie einmal oder häufig Ihrem Teenager gezielte Aufmerksamkeit schenken müssen, wenn Sie lieber etwas anderes täten. Denn es gibt Zeiten, in denen Kinder verzweifelt der gezielten Aufmerksamkeit bedürfen, während die Eltern am wenigsten dazu aufgelegt sind.

Gezielte Aufmerksamkeit heißt, Ihrem Teenager vollständige und ungeteilte Aufmerksamkeit so zu widmen, dass er sich wirklich geliebt fühlt, dass er weiß, er ist so viel wert um seiner selbst willen, dass er Ihre Aufmerksamkeit, Anerkennung und kompromisslose Zuwendung verdient. Gezielte Aufmerksamkeit gibt Ihrem Kind das Gefühl, dass es für Sie, seine Eltern, der wichtigste Mensch auf der Welt ist.

In der Heiligen Schrift erkennen wir große Achtung vor Kindern. König David nannte sie die Erben des Herrn. Christus sagte, keiner solle die Kinder daran hindern, zu ihm zu kommen, und warnte jene, die seinen Kleinen Leid zufügen, dass sie des Todes seien. Er sagte, dass wenn wir nicht würden wie die

Kinder, könnten wir das Königreich Gottes nicht erlangen (siehe Psalm 127,3-5; Matthäus 18,13-16).

Man sollte Teenagern das Gefühl geben, etwas Besonderes zu sein. Wenige Teenager haben dieses Gefühl, aber welch ein Unterschied, wenn sie wissen, dass sie etwas Besonderes sind. Nur gezielte Aufmerksamkeit kann ihnen dieses Gefühl vermitteln. Es ist so wichtig für ihre Selbstachtung. Und es beeinflusst zutiefst ihre Fähigkeit, mit anderen Verbindung zu halten und sie zu lieben.

Ich glaube, dass gezielte Aufmerksamkeit das stärkste Bedürfnis eines Teenagers ist. Die meisten Eltern haben echte Schwierigkeiten, dieses Bedürfnis zu erkennen, geschweige denn es zu erfüllen. Hierfür gibt es viele Gründe. Zum Beispiel scheinen andere Dinge, die sie für ihre Kinder tun – Gefallen, Geschenke und Erfüllung ungewöhnlicher Bitten – jeweils Ersatz für gezielte Aufmerksamkeit zu sein. Diese Gaben mögen gut sein, aber es ist ein schwerer Fehler, sie als Ersatz für ehrliche gezielte Aufmerksamkeit zu benutzen. Diese Ersatzleistungen sind so verführerisch für Eltern, weil Gunst und Geschenke leichter zu geben sind und viel weniger Zeit erfordern. Aber Kinder fühlen sich nicht am besten und benehmen sich nicht nach bestem Vermögen, wenn sie diese kostbare Gabe – gezielte Aufmerksamkeit – von ihren Eltern nicht erhalten.

Prioritäten

Es ist mir nicht möglich, jede Verpflichtung und jede Aufgabe in meinem Leben so zu erfüllen wie ich gerne möchte. Ich habe einfach nicht die Zeit dazu. Was kann ich also tun? Es gibt nur eine Antwort, und sie ist nicht leicht: Ich muss meine Prioritäten festlegen, meine Ziele setzen und meine Zeit so einteilen, dass ich sie erreiche. Ich muss meine Zeit einteilen, damit ich die wichtigsten Dinge zuerst tun kann.

Welches sind die Prioritäten in Ihrem Leben? Wo passen Ihre Kinder da hinein? Haben sie Vorrang? Stehen sie an zweiter Stelle, an dritter? Sie müssen das bestimmen. Sonst werden sie einen niedrigen Platz in der Rangordnung einnehmen und unter dem Gefühl der Vernachlässigung leiden. Die Entscheidung darüber, was in Ihrem Leben wichtig ist, kann Ihnen niemand abnehmen.

Da das Leben so ungewiss ist, können Sie nicht mit unbegrenzten Möglichkeiten rechnen, Ihren Kindern Zuwendung zu geben. Deshalb müssen Sie die Gelegenheiten nutzen, die Sie planen können – oder die sich Ihnen aufgrund der Bedürfnisse Ihres Kindes bieten. Es werden weniger sein als Sie jetzt meinen. Ihre Kinder sind nur für eine kurze Zeit Teenager.

Bedürfnis nach gezielter Aufmerksamkeit

Gezielte Aufmerksamkeit ist nicht einfach nur etwas, was nett zu geben ist, wenn Sie gerade Zeit haben. Wie Ihr Kind sich sieht und wie es in der Welt akzeptiert wird, wird in erster Linie davon bestimmt, wie dieses Bedürfnis bei ihm erfüllt wird. Ohne gezielte Aufmerksamkeit empfindet ein Teenager immer mehr Angst, weil er meint, alles andere sei wichtiger als er selbst. Er ist daher unsicher und wird immer mehr in seinem seelischen und geistigen Wachstum behindert. Einen solchen Teenager können wir leicht erkennen. Er ist im Allgemeinen weniger reif oder selbstsicher als andere, deren Eltern sich die Zeit genommen haben, ihren Bedarf an gezielter Aufmerksamkeit zu decken. Dieser unglückliche Teenager ist oft in sich zurückgezogen und hat Schwierigkeiten im Umgang mit Gleichaltrigen. Er ist weniger fähig, Konflikte zu bewältigen, und reagiert dann meistens falsch. Er ist übermäßig abhängig von anderen, einschließlich Gleichaltrigen, und ist dem Druck Gleichaltriger mehr ausgesetzt als andere.

Manche jungen Menschen scheinen jedoch genau umgekehrt zu reagieren, insbesondere Mädchen, denen gezielte Aufmerksamkeit vom Vater fehlt. Sie sind sehr geschwätzig, wirken geschickt, dramatisieren viel und geben sich verführerisch. Sie werden manchmal für frühreif, extrovertiert und altklug gehalten. Aber wenn sie älter werden, ändert sich dieses Verhalten nicht und wird unangemessen. Wenn sie dann ältere Jugendliche geworden sind, werden sie ihren gleichaltrigen Kameraden oft unsympathisch und Erwachsene werden sich abgestoßen fühlen. Aber selbst zu diesem späten Zeitpunkt kann gezielte Aufmerksamkeit, besonders von ihren Vätern, noch viel dazu beitragen, dass sie ihr selbstzerstörerisches Verhalten einschränken, ihre Ängste abbauen und sich befreit wieder ihrem normalen Reifungsprozess zuwenden können.

Wie gibt man gezielte Aufmerksamkeit?

Ich habe festgestellt, dass die beste Art, einem Teenager gezielte Aufmerksamkeit zu widmen, darin besteht, sich Zeit mit ihm allein zu nehmen. Vielleicht denken Sie jetzt schon, wie schwer das durchzuführen sein wird. Und Sie haben Recht. Die Zeit zu finden, mit einem jungen Menschen allein zu sein, frei von Ablenkungen, das ist das, was ich für den schwierigsten Aspekt in der Kindererziehung halte. Aber wir wollen ehrlich sein: Gute Kindererziehung braucht Zeit. In unserer heutigen oberflächlichen Gesellschaft Zeit zu haben ist schwer, besonders wenn Jugendliche andere Interessen haben, mit denen die Eltern konkurrieren müssen. Aber dieses deutet umso mehr darauf hin, dass gezielte Aufmerksamkeit entscheidend ist. Heute sind Jugendliche mehr denn je in der Geschichte den Kräften außerhalb der Familie ausgesetzt.

Es bedarf einer enormen Anstrengung, Zeit von den übervollen Tagesprogrammen abzuzwacken; aber wenn Ihnen dies gelingt, dann bleibt der Lohn nicht aus. Denn es ist wunderbar, sein Kind glücklich, sicher und von seinen Kameraden und von den Erwachsenen gut gelitten zu sehen, zu sehen, wie es gut lernt und sich gut benimmt. Aber diese Befriedigung kommt nicht von selbst. Als Eltern müssen Sie einen Preis dafür zahlen. Sie müssen die Zeit finden, sich jedem Kind allein zu widmen.

Zeit ist schwer einzuteilen. Ich versuche, so viel Zeit wie möglich für meine Kinder zu reservieren. Zum Beispiel, wenn meine Tochter montagnachmittags in der Nähe meines Büros Musikstunden hatte, pflegte ich sie abzuholen. Dann gingen wir in ein Restaurant und aßen zusammen zu Abend. Bei diesen Gelegenheiten, ohne Angst vor Unterbrechungen und Verabredungen, konnte ich ihr meine ganze Aufmerksamkeit widmen und mir anhören, was sie mir erzählen wollte.

Nur wenn Eltern und Kinder so zwanglos allein miteinander sind, können die Eltern und ihr Kind jene besondere, unauslöschliche Erfahrung der Gemeinsamkeit erleben, die jedes Kind so dringend braucht, um den Tatsachen des Lebens ins Auge zu sehen. Ein Kind sammelt solche Augenblicke und bewahrt sie im Gedächtnis, um sich zu erinnern, wenn das Leben schwierig wird, insbesondere während solcher bewegter Jahre der Pubertät und ihrer Konflikte.

In den Zeiten gezielter Aufmerksamkeit können Eltern besondere Gelegenheiten zum Augen- und Körperkontakt mit dem Kind schaffen. Denn gerade in solchen Augenblicken haben Augen- und Körperkontakt stärkere Bedeutung und Auswirkung auf das Leben des Kindes.

Es ist wichtig, dass Sie nach unerwarteten Gelegenheiten Ausschau halten, um zusätzliche Zeit mit Ihrem Teenager zu verbringen. Zum Beispiel kann es geschehen, dass Sie einmal mit Ihrem Kind allein sind, weil alle anderen weggegangen oder draußen sind. Sie können die Gelegenheit nutzen, um seine Seelenbatterie zu laden und so die Gefahr abwenden, dass sie sich völlig entleert. Diese Augenblicke gezielter Aufmerksamkeit mögen ganz kurz sein, aber auch sie können dennoch Wunder wirken.

Jeder Augenblick zählt, denn es steht viel auf dem Spiel. Gibt es etwas Schlimmeres als einen missratenen Sohn oder eine missratene Tochter im Teenageralter? Gibt es etwas Wunderbareres als einen ausgeglichenen jungen Menschen?

Gezielte Aufmerksamkeit regelmäßig durchzuführen ist zeitraubend und schwierig und oftmals belastend für bereits erschöpfte Eltern. Aber gezielte Aufmerksamkeit ist das stärkste Mittel, um die seelische Batterie eines Jugendlichen geladen zu halten und in seine Zukunft zu investieren.

Wenn die Kinder älter werden, ist es wichtig, diese Zeiten der Aufmerksamkeit auszudehnen. Ältere Kinder brauchen Zeit, um warm zu werden, um ihre inneren Widerstände abzubauen und sich frei genug zu fühlen, damit sie auch wirklich ihre innersten Gedanken mitteilen können, besonders diejenigen, die sie bedrücken.

Wenn die Kinder in die Pubertät kommen, brauchen sie mehr Zeit mit ihrer Familie, nicht weniger ... Viele nehmen einfach an, dass man mit Teenagern, da sie schnell unabhängiger werden und immer mehr Zeit von der Familie weg sein zu wollen *scheinen,* immer weniger Zeit verbringen müsse. Dies ist aber ein schwerwiegender Fehler. Wenn ihre Kinder in die Pubertät eintreten und je weiter sie darin sind, benutzen die Eltern meist ihre freie Zeit, um ihrem eigenen Vergnügen nachzugehen. Jeder Teenager, den ich bisher kennen gelernt habe, hat dies als Ablehnung verstanden und gemeint, dass seine Eltern sich immer weniger aus ihm machten.

Teenager brauchen jedoch Zeit und Aufmerksamkeit mehr denn je zuvor. Sie sind täglich starken Einflüssen ausgesetzt, und leider sind viele dieser Einflüsse ungesund, schädlich und manchmal sogar schlecht. Wenn Sie möchten, dass Ihr Kind in der Lage ist, in der heutigen Welt zurechtzukommen, so müssen Sie Ihre Zeit mit ihm konstruktiv nutzen, besonders wenn es durch die Wirren der Pubertät geht. Wenn Sie sich wirklich die Zeit nehmen, diese Bedürfnisse zu erfüllen, so wird Ihr Kind das Vertrauen und die moralische Gesinnung entwickeln, die es ihm ermöglichen, sich selbst ein Urteil über die Werte zu bilden, nach denen es leben wird. Es wird die Kraft haben, gegen schädliche Einflüsse von Menschen standzuhalten, die wenig oder gar nichts für Ihr Kind übrig haben, sondern es einfach nur ausnützen wollen.

Dies mag besonders problematisch scheinen, wenn Ihr Kind schwierig ist und so wenig mitteilsam, wie es in der frühen bis mittleren Pubertät üblich ist. Dabei muss man an die Tatsache denken, dass die psychologischen Barrieren, die ein launischer Teenager errichtet, sehr hoch sind. Und es erfordert Zeit, diese Barrieren langsam abzubauen bis zu dem Punkt, an dem der Teenager fähig ist, sich Ihnen wirklich mitzuteilen und Ihnen anzuvertrauen, was ihn wirklich bedrückt. Haben Sie das Zauberwort mitbekommen? *Zeit.*

Ich kann mich erinnern, als meine geliebte Tochter Carey 14 Jahre alt war. Welch ein Jahr! Sie machte die üblichen Umstellungsschwierigkeiten der frühen Pubertät durch und pflegte sich häufig nur durch Brummen und Knurren zu verständigen, oder Laute wie „Ha, hm, tss" oder „Huch" von sich zu geben.

In dieser Zeit machte ich zwei wundervolle Entdeckungen. Erstens: Es ist sinnlos und schädlich, wenn man versucht, ein Kind zu zwingen, sich einem in solchen Zeiten zu öffnen und sich auszusprechen. Obwohl es eine wirkliche Versuchung für mich war, sie mit Fragen zu bestürmen, stellte ich fest, dass dies ein Fehler war und die Situation tatsächlich dadurch verschlimmert wurde.

Zweitens machte ich die Entdeckung: Wenn ich mindestens 20 bis 30 Minuten mit Carey vergnügt beisammen war, ohne dass sie gezwungen wurde, mit mir über ernste Dinge zu reden, dann baute sie ihre Abwehrhaltung langsam ab, und danach konnten wir uns gegenseitig unsere Gedanken und Gefühle ehrlich mitteilen.

Als wirksamstes Mittel erwies sich, sie in ein Restaurant einzuladen. Ich suchte mir das Restaurant mit der langsamsten Bedienung in der ganzen Stadt aus, und wählte die Zeit, wenn die meisten Gäste da waren. Ich pflegte die Kellnerin ein paar Mal wegzuschicken: „Wir sind noch nicht ganz so weit." Ich aß sehr langsam und bestellte noch eine Nachspeise, was ich sonst zu vermeiden gesucht hätte, gefolgt von einer gemütlichen Tasse Kaffee.

Sehen Sie, ich wollte einfach Zeit haben, damit Carey von selbst mit mir reden würde ohne Druck, und indem sie sich trotzdem in meiner Nähe wohl fühlte. Wenn man sich irgendwo anstellen muss, so ist dies eine Gelegenheit. Andere Beispiele sind angeln, jagen, wandern, reisen (lange oder kurze Reisen), Spiele spielen, ins Theater oder ins Konzert gehen. Wenn der Teenager mit der Mutter oder dem Vater ganz ohne Druck allein ist, einfach nur, um zusammen zu sein, dann wird die Abwehrhaltung allmählich abgebaut, und der Teenager wird anfangen zu sprechen – zuerst oberflächlich, dann aber auch über ernstere Dinge.

Bis wir mit dem Essen fertig waren, pflegte Carey ziemlich frei zu sprechen und sich mitzuteilen, wobei die Unterhaltung sich noch immer auf ziemlich oberflächlichem Niveau bewegte – Sport, Lehrer, Schularbeit. Dann pflegte ich zu bezahlen und wir gingen zum Wagen.

Hier möchte ich eine interessante Information einfügen. Wenn man am Steuer eines Wagens sitzt, und unser Teenager ist mit anderen „Jugendlichen" dabei, dann verliert man irgendwie seine Identität und wird als Teil des Autos betrachtet – als verlängertes Lenkrad sozusagen. Meine Frau und ich haben gelernt, diese Eigenschaft von Jugendlichen wirklich zu schätzen; es ist erstaunlich, wie dies die Gesprächsbereitschaft fördert, wenn man zusammen im Auto fährt. Es ist auch erstaunlich, wie viel wir bei diesen Fahrten gelernt haben. Also, zurück zu Carey und mir. Wir stiegen ins Auto und dann, gewöhnlich auf den letzten 2 km oder so, ehe wir zu Hause ankamen, pflegte sie schließlich über Dinge zu sprechen, die für sie wichtig waren. Dinge wie das Verhältnis zu ihren Freunden, familiäre Beziehungen, Druck seitens Gleichaltriger, doch Drogen zu nehmen. Natürlich konnte die Unterhaltung nicht beendet sein, wenn wir am Haus ankamen. Der Grund dafür ist, dass Teenager das Gefühl haben müssen, sie können „flüchten", wenn sie meinen, einem zu wichtige Geheimnisse anzuvertrauen. Sie müssen das Gefühl haben können, dass sie jederzeit „abhauen" können, wenn die Eltern nicht richtig auf ihre innersten Gefühle reagieren. Was sie am meisten fürchten, ist nicht Widerspruch, sondern Ärger, lächerlich gemacht zu werden, Ablehnung oder Zurückweisung im Bereich des Persönlichen. Sie müssen die Lage so weit beherrschen können, dass sie sich entfernen können, wenn es ihnen zu „mulmig" wird.

Deshalb pflegte Carey zu warten, bis wir fast daheim waren, ehe sie mir das mitteilte, was ihr wirklich wichtig erschien. Die besten Gespräche, die ich mit Carey hatte, waren die in solchen Augenblicken. Manchmal tarnte sie ihre eigenen Konflikte, indem sie mich über einen anderen Jugendlichen ausfragte, der zufällig die gleichen Probleme hatte. Dies ist eine beliebte Art für viele Teenager, über unangenehme, peinliche oder schwierige Situationen zu sprechen.

Manchmal möchte ein Teenager mit einem Elternteil über ein Problem sprechen, aber es fällt ihm schwer, das Gespräch zu beginnen. Dann wird er häufig mit Andeutungen um sich werfen. Diese Andeutungen können verschiedene Formen annehmen. Ein Teenager, der ein Gespräch braucht, aber nicht in mitteilsamer Stimmung ist, sagt vielleicht etwas, das viel weniger bedrohlich ist als das, über das er eigentlich sprechen möchte. Zum Beispiel fängt er vielleicht damit an, etwas zu den Hausaufgaben zu fragen. Oder er stellt eine Frage in der Richtung, was für einen Tag die Mutter oder der Vater gehabt hat.

Oder er macht eine Bemerkung darüber, was für einen Tag er selbst gehabt hat.

Eltern müssen wachsam sein bei solchen unerbetenen und manchmal rätselhaften Gesten. Sie sind gewöhnlich die Art und Weise, mit der ein zögernder Teenager um Zeit und gezielte Aufmerksamkeit bitten will. Er „tastet sich an uns heran", testet uns, um zu sehen, in welcher Stimmung und Verfassung wir sind, um zu sehen, ob es ungefährlich ist, uns mit einer Sache zu kommen, bei der er sich unsicher fühlt.

Bei anderen Gelegenheiten testet ein Teenager vielleicht unsere Aufnahmefähigkeit, um zu sehen, ob wir bei guter Laune sind, indem er einen „Köder" auslegt. Es handelt sich dabei immer um eine Information, die uns erregen oder irritieren soll – ein perfekter Trick, um festzustellen, ob man uns das anvertrauen kann, was man wirklich auf dem Herzen hat. Wenn wir eine Überreaktion zeigen, insbesondere in Form von Ärger und Kritik, dann muss der Teenager annehmen, dass wir auf seine wichtige Frage in gleicher Weise reagieren werden. Auch hier gilt wieder: Je mehr Selbstbeherrschung und Ruhe wir zeigen, umso offener und mitteilsamer wird unser Kind zu uns sein.

Diese günstigen Gelegenheiten sind unbezahlbar. Wenn wir sie nicht bemerken und irgendwie dem Teenager die Tür vor der Nase zumachen, so fühlt er sich zurückgewiesen. Wenn wir wachsam sind und diese spitzfindigen Hinweise aufspüren, dann können wir angemessen reagieren, unseren Kindern helfen und außerdem überzeugend zeigen, dass wir sie lieben und für ihre Bedürfnisse Verständnis haben.

Ich erinnere mich an viele derartige Gelegenheiten, als Carey noch am Anfang der Pubertät stand. Meist wählte sie einen Zeitpunkt, wenn sie wusste, ihre Mutter und ich waren allein, und es bestand sehr wenig Gefahr, dass wir unterbrochen würden.

Sie werden schon erraten haben, wann das war – gerade dann, wenn Pat und ich das Licht ausdrehen wollten, um endlich zu schlafen. Careys jüngere Brüder waren fest eingeschlafen, sodass keine Konkurrenz bestand. Zuerst sahen wir, wie die Tür langsam aufging; Carey trat ein und fragte ihre Mutter, ob sie etwas aus dem angrenzenden Bad holen könne. Nachdem Carey sich geholt hatte, was sie wollte, und im Begriff war zu gehen, pflegte sie sich umzudrehen und zu sagen: „O, übrigens, was ich noch sagen wollte."

Ich kann nicht genug auf die Wichtigkeit hinweisen, diese nur allzu bekannten Worte zu bemerken: „O, übrigens, was ich noch sagen wollte", oder so ähnlich. Wissen Sie, was sie gewöhnlich bedeuten, wenn Sie ein Teenager in einer solchen Situation ausspricht? Eine Übersetzung könnte lauten: „Der eigentliche Grund, warum ich hier bin und worüber ich wirklich sprechen will, kommt schon noch. Aber erst einmal möchte ich wissen, ob ihr in der richtigen Stimmung seid, um es zu verkraften. Kann ich euch diesen sehr delikaten Teil meines Lebens anvertrauen? Werdet ihr es richtig aufnehmen und mir helfen, oder werdet ihr es gegen mich benutzen? Kann ich euch vertrauen?"

Wenn wir bei solchen Gelegenheiten dem Teenager nicht diese gezielte Aufmerksamkeit widmen, dann wird er die Antwort als „nein" interpretieren.

Aber wenn wir unsere Aufmerksamkeit direkt auf das Kind richten und aufmerksam und still zuhören, ihn das Gespräch bestreiten lassen, so wird unser Teenager sich sicher genug fühlen, um etwas zu riskieren und ein dringendes Problem aufzudecken. Seien Sie übrigens immer bereit, jene Worte zu hören, sobald ein Köder ausgelegt oder eine Vernebelungsaktion in die Wege geleitet worden ist.

Ich kann mich erinnern, dass ich mich manchmal dumm stellte und zu Carey irgendwas sagte wie, „vergiss nicht alle Lichter auszumachen." Dann spürte ich gewöhnlich einen kurzen Schlag unter der Decke, denn meine Frau hatte erkannt, dass unser Kind mit uns sprechen wollte und dringend einer Zuwendung in Form von gezielter Aufmerksamkeit bedurfte. Immer, wenn dann das Gespräch im Gange war, pflegte Carey allein weiterzureden, indem sie zuerst über oberflächliche Dinge sprach und dann mehr und mehr über Dinge, die ihr wichtig waren. Nach einer Weile saß sie dann an unserem Fußende. Bald lag sie quer über unserem Fußende und ihre Reden flossen immer weiter. Ehe wir wussten, wie uns geschah, lag sie zwischen uns. Endlich kam sie auf das zu sprechen, was sie bedrückte. Ich kann mich an eine Gelegenheit erinnern, als sie sagte: „Ich weiß nicht, ob Jim mich noch leiden kann. Er ist so anders geworden." Wie schwierig muss es für Carey gewesen sein, uns das zu gestehen. Natürlich musste sie erst einmal feststellen, ob die Luft rein war, damit sie es uns mitteilen konnte. Sie musste erst ihre Köder auslegen und uns einnebeln, ehe sie schließlich mit dem wirklichen Problem herausrücken konnte.

Wenn eine heikle Sache einmal ausgesprochen ist, besteht die wirkliche Gefahr für Eltern, dass sie sie als unbedeutend abtun, indem sie eine scheinbar oberflächliche Antwort geben, als sei es nur eine Kleinigkeit, mit der man ganz leicht fertig werden könnte. Wir müssen unsere Kinder jedoch ernst nehmen, ihre Probleme mit ihnen sorgfältig erörtern und ihnen helfen, zu logischen und vernünftigen Lösungen zu kommen. Auf diese Weise helfen wir ihnen nicht nur, mit ihren Problemen fertig zu werden, sondern was weit wichtiger ist, wir festigen unsere Liebesbeziehung zu ihnen.

Und indem wir ihnen helfen, ihre eigenen Probleme zu lösen, können wir sie lehren, logisch, rational und folgerichtig zu denken. Nur indem er lernt, klar zu denken, kann ein Teenager die Fähigkeit erwerben, richtig von falsch zu unterscheiden und ein starkes Wertgefühl zu entwickeln.

Schuld und Neid

Um den Hintergrund der meisten Teenager-Probleme zu verstehen, ist es wichtig, die Gesellschaftsordnung der Jugendlichen zu kennen. Die Gesellschaft der Jugendlichen ähnelt der der Hühner; beide haben sozusagen eine Hackordnung. Die Gesellschaft der Jugendlichen ist sehr komplex, aber im Wesentlichen gründet sie sich auf Popularität und Akzeptiertwerden. Es ist wichtig, ungefähr zu wissen, wo in diesem Netz der Beziehungen Ihr Kind seine Stellung hat, denn einige der schmerzlichsten Pubertätsprobleme betreffen Gleichaltrige und beinhalten eines oder mehrere von vier Gefühlen – Neid, Schuld, Ärger und Niedergeschlagenheit. Ärger und Niedergeschlagenheit werden noch im Einzelnen besprochen werden; wir wollen hier erst einmal Neid und Schuld betrachten.

Im Umgang mit Gleichaltrigen haben Jugendliche häufig Probleme, weil sie ganz natürlich Schuld oder Neid empfinden. Leider können die meisten Jugendlichen bei sich selbst schlecht die Gefühle der Schuld oder des Neides erkennen und erfahren diese als Schmerz (Verzweiflung) und/oder Verwirrung.

Wenn das Problem eines Jugendlichen mit einem Gleichaltrigen zu tun hat, der sich auf der sozialen Leiter unter ihm befindet, so wird er wahrscheinlich Schuld empfinden. Wenn sein Zusammenstoß mit jemand stattgefunden hat, der über ihm steht, so wird er gewöhnlich Neid empfinden. Wenn ein Interessen- oder Stellungskonflikt entsteht, wird der Jugendliche auf der unteren Stufe neiderfüllt versuchen, dem höheren Gleichaltrigen Schuldgefühle beizubringen.

Es ist wichtig, dass Eltern die Stellung ihres Kindes in der Konfliktsituation richtig einschätzen und die Gefühle erkennen, mit denen er kämpft. Wenn man dem Teenager die Situation erklärt, wird ihm dies auf vielfältige Weise helfen.

- *Es wird ihn befähigen, genau zu verstehen, was geschieht und warum es geschieht.*
- *Es wird ihm helfen festzustellen, ob er etwas falsch gemacht hat.*
- *Es wird ihm helfen, mit dieser Situation und mit anderen, ganz ähnlichen, fertig zu werden.*

Wenn Ihr Kind zum Beispiel Schuldgefühle hat, so wird klare Einsicht in die Situation gewöhnlich zeigen, dass es keine Verantwortung hat und dass das wirkliche Problem eigentlich in dem Neidgefühl des anderen Jugendlichen liegt.

Wenn Ihr Teenager Neid empfindet, hilft es ihm sehr, wenn er in der Lage ist, dies in sich zu erkennen und zu verstehen, warum. Dann werden Sie in der Lage sein, ihm bei der Lösung des Problems zu helfen, indem Sie ihm entweder zu verstehen geben, dass wirklich kein Grund zur Eifersucht besteht; oder sie lehren ihn, das Neidgefühl zu überwinden, wenn ein Grund dazu vorhanden ist.

Als Carey den Junior-Preis in der Folklore-Gruppe gewann, freuten sich fast alle ihre Freunde mit ihr und waren wirklich stolz auf sie. Aber kurz darauf schien Carey eines Abends betrübt. Wie sich zeigte, hatte eine neidische Freundin Carey Schuldgefühle darüber vermittelt, dass sie den Wettbewerb gewonnen hatte. Die Erklärung, die das Schuldgefühl erzeugte, lautete etwa so: „Da steht nun der große Star! Die hält sich wirklich für was Besseres!"

Carey fühlte sich entsetzlich, typisch für einen Teenager unter diesen Umständen, und sie konnte sich aus ihrem Unglück nicht befreien. Careys Mutter half ihr, ihr Schuldgefühl zu verstehen – dass sie nichts falsch gemacht hätte, aber dass sie einfach ein falsches Schuldgefühl empfand, das völlig unbegründet war.

Careys Erfahrung illustriert das häufig vorkommende Gefühl von Schuld und Neid in der Welt der Jugendlichen. Es ist lebenswichtig für die gefühlsmäßige Entwicklung unserer Kinder, dass wir ihnen helfen, Neid und Schuldgefühle selbst zu erkennen und zu lernen, wie man mit diesen Empfindungen richtig umgeht. Wenn sie das nicht lernen, kann man sie leicht mit Hilfe von Schuldgefühlen manipulieren.

Manipulieren durch Schuldgefühle

Dies ist heute ein großes Problem bei Teenagern. Je empfindsamer ein Teenager ist, umso mehr ist er der Manipulation durch Schuldgefühle ausgesetzt. Andererseits, je weniger empfindsam ein Teenager ist, umso eher neigt er dazu, diese Art Manipulation bei anderen anzuwenden.

Das Verfahren ist relativ einfach. Der Manipulierende findet Mittel und Wege, damit der Manipulierte sich schuldig fühlt, wenn er nicht tut, was der Manipulierende von ihm verlangt. Das klassische Beispiel hierfür – und eines der folgenschwersten – ist der Junge, der versucht, ein Mädchen dazu zu bringen, mit ihm Geschlechtsverkehr aufzunehmen, indem er sie mit solchen Bemerkungen traktiert, wie „Wenn du mich wirklich lieben würdest, dann würdest du es tun."

Eltern eines empfindsamen Teenagers sind in einer ausgezeichneten Lage, dem Kind diesen üblen Trick zu verdeutlichen. Es muss drei Dinge verstehen:

- *wie man Manipulation durch Schuldgefühle erkennen kann,*
- *dass dieses Verfahren schändlich, unsauber und unmoralisch, das heißt, dass es schlecht ist,*

- *dass die normale und gerechtfertigte Reaktion auf Ma-nipulation Wut ist.*

In der Geschichte über den Zwischenfall mit Jesus und den Geldwechslern im Tempel sehe ich ein Element, das Jesus in Wut gebracht hat. Die Menschen, die in den Tempel kamen, mussten opfern, um ihre religiöse Pflicht zu erfüllen. Sie pflegten sich schuldig zu fühlen, wenn sie kein Tieropfer bringen konnten. In der Szene, die Jesus als Räuberhöhle beschrieb, gab es Manipulation durch Schuldgefühle. Und Jesu Wut war eine angemessene Reaktion (siehe Matthäus 21, Markus 11, Lukas 19, Johannes 2).

Ich erinnere mich an eine Gesprächstherapie mit einem wunderschönen 16-jährigen Mädchen mit Namen Claudia. Sie war ein außergewöhnlich empfindsames Mädchen und hatte eine tiefe Depression. Im Laufe unseres Gesprächs entdeckte ich, dass ihr Freund Schuldgefühle benutzte, um sie auf vielfältige Weise zu manipulieren. Wie es so häufig bei Teenagern ist, war sich Claudia ihrer eigenen Empfindsamkeit, Depression und der Tatsache, dass sie durch Schuldgefühle manipuliert wurde, nicht ganz bewusst. Erst habe ich ihr erklärt, wie empfindsam sie sei – wie leicht es sei, ihr wehzutun und ihr Schuldgefühle einzugeben. Dann erläuterte ich ihr, wie andere, insbesondere ihr Freund, sie beherrschen konnten, indem sie ihr Schuldgefühle beibrachten, wenn sie nicht das tat, was sie wollten.

Da Claudia zuerst nicht verstand, was ich ihr zu erklären versuchte, gab ich ihr ein Beispiel, das nichts mit ihr zu tun hatte. Ich sagte: „Claudia, auch ich bin empfindlich, und ich habe erst vor ein paar Jahren bemerkt, wie leicht mich andere Leute mit Hilfe von Schuldgefühlen manipulieren konnten. Als ich meine ärztliche Fachausbildung abgeschlossen hatte, wollte ich mein Haus verkaufen. Ich hatte Schwierigkeiten, es selbst zu verkaufen, und so machte ich einen Vertrag mit einem Grundstücksmakler, der es für mich tun sollte. Ein paar Tage später bot mir ein Kollege aus dem gleichen Semester, der in der Stadt eine Assistentenstelle bekommen hatte, einen bestimmten Preis für das Haus, aber er wollte die Gebühr für den Grundstücksmakler sparen und diesen umgehen. Ich sagte ihm, ich könne das nicht tun – dass er über den Makler gehen müsse. Am Abend des gleichen Tages kam der Makler mit einem Angebot von einem anderen Kunden und ich akzeptierte. Als mein Kollege erfuhr, dass ich das Haus verkauft hatte, war er wütend und wollte mich überreden, den Kauf rückgängig zu machen und es ihm zu verkaufen. Seine Argumente bestanden darin, mich zu erinnern, dass wir doch Kollegen aus dem gleichen Semester waren, dass ich auf meiner Assistentenstelle mehr Geld verdienen würde als er und dass das Haus fünf Jahre bewohnt und nicht das Geld wert sei, dass der andere Interessent mir bot."

Dann sagte ich. „Siehst du Claudia, wie dieser Mann versucht hat, mich so zu manipulieren, dass ich ihm mein Haus verkaufte, indem er mich so hinstellte, als sei ich schuldig?"

Claudias Augen leuchteten. Sie verstand jetzt, warum sie so wenig Kontrolle über ihr eigenes Leben hatte. Als ich Claudia das nächste Mal sah, war ihre

Depression vergangen, und es war wieder Glanz in ihren Augen. Sie lernte, für sich selbst zu planen und ihr Verhalten selbst zu bestimmen, anstatt sich von anderen durch Schuldgefühle manipulieren zu lassen.

Eltern müssen aufpassen, dass sie ihre Kinder nicht durch Schuldgefühle manipulieren. Es ist so leicht für Eltern, in diese Falle zu gehen, besonders wenn sie zufällig ein empfindsames Kind haben. Ein Teenager, der von seinen eigenen Eltern mit Hilfe von Schuldgefühlen manipuliert worden ist, wird sich leicht auch von anderen manipulieren lassen.

Welches ist die beste Art, Teenager davor zu bewahren, dass sie von anderen durch Schuldgefühle manipuliert werden? Im Rahmen bedingungsloser Liebe und gezielter Aufmerksamkeit können Eltern ihre Kinder darin üben, manipulierendes Verhalten bei anderen zu erkennen und die Falle zu meiden.

5. Augen- und Körperkontakt

Wir leben in einer Zeit, in der es unseren Teenagern schwer fallen muss, zu spüren und zu wissen, dass wir sie wirklich lieben. Eine früher nie gehabte Zahl von äußeren Einflüssen wirkt auf sie ein, manche davon ungesund und manche sogar böse und zerstörerisch. Wenn ein Teenager nicht das Gefühl hat, geliebt und ernst genommen zu werden, ist er sehr anfällig gegenüber diesen Einflüssen. Wer diese kostbare Liebe nicht spürt, wird ganz gewiss Schwierigkeiten haben, selbstständig zu denken und sich für ethische und moralische Werte einzusetzen. Und viele skrupellose Menschen haben schon liebeshungrige junge Menschen für ihre üblen Zwecke missbraucht. Indem sie ihnen Zeit, Aufmerksamkeit und Zuneigung widmen, haben sie sie in ihre Gewalt bekommen.

Es ist fünf Minuten vor zwölf. Als Eltern haben Sie nur wenig Zeit und Gelegenheiten, um Ihrem Kind das Gefühl zu vermitteln, dass es bedingungslos geliebt wird. Sie müssen sofort handeln und jeden Tag damit fortfahren, seine seelische Batterie zu laden. Dadurch wird es zu einem Menschen heranwachsen, der vernünftig und klar selbst denken kann und Selbstbeherrschung lernt. Nur wenn er wirklich das Gefühl hat, dass Sie ihn bedingungslos lieben und er Ihnen etwas bedeutet, werden Sie den Einfluss auf ihn haben, den Sie haben sollten.

Sie müssen Ihrem Teenager sagen, dass Sie ihn lieben, aber Sie müssen ihm Ihre Liebe auch zeigen. Die meisten Eltern lieben ihre Kinder zwar von Herzen, aber sie können es ihnen nicht durch ihr Verhalten zeigen. Daher haben viele junge Menschen heute das Gefühl, dass man sie nicht bedingungslos und wirklich liebt. Dieser Mangel liegt vielen Teenagerproblemen heute zugrunde. Ein Teenager neigt dazu, dem Menschen zu folgen, von dem er das Gefühl hat, am meisten geliebt zu werden.

Augen- und Körperkontakt müssen in Ihren Alltagsumgang mit Ihren Kindern aufgenommen werden. Er muss natürlich angenehm und nicht übertrieben sein. Ein Teenager, der in einem Heim aufwächst, in dem die Eltern sich durch Augen- und Körperkontakt verständigen, wird sich wohl fühlen und mit anderen Menschen gut verstehen. Es wird ihm leichter fallen, sich mit anderen zu verständigen, und er wird daher gut gelitten sein und eine hohe Selbsteinschätzung haben.

Angemessener und häufiger Augen- und Körperkontakt sind zwei der wertvollsten Gaben, die Sie Ihrem Kind schenken können. Sie sind verbunden mit gezielter Aufmerksamkeit die wirksamsten Mittel zum Aufladen der Seelenbatterie Ihres Teenagers, und sie machen ihn fähig, sein Bestes zu tun.

Augenkontakt

Einer der Hauptgründe, warum liebende Eltern ihre bedingungslose Liebe ihren Kindern nicht mitteilen können, besteht darin, dass kein Augenkontakt besteht. Liebender, beständiger Augenkontakt mit Ihrem Kind ist aber entscheidend, nicht nur um sich richtig zu verständigen, sondern auch, um seine seelischen Bedürfnisse zu erfüllen. Ohne dass Sie es spüren, benutzen Sie Augenkontakt, um die vielfältigsten Gefühle auszudrücken: Traurigkeit, Ärger, Hass, Mitleid, Wut und Liebe. Bei manchen Leuten gibt es zu Hause erstaunlich wenig Augenkontakt zwischen Eltern und Kindern. Und der, den es gibt, ist oft negativ, z.B. wenn das Kind getadelt wird oder besondere Aufgaben erhält. Je mehr Augenkontakt Sie mit Ihrem Kind darüber hinaus herstellen können, um Ihre Liebe auszudrücken, umso mehr wird es sich geliebt fühlen.

Ihr Teenager wird nicht immer gleich fähig sein, Augenkontakt herzustellen. Einen Tag wird er ihn eifrig suchen, im nächsten Augenblick wird er Ihrem Blick sogar ausweichen. Innerhalb dieser Schwankungen lernt er Verhaltensmuster für Augenkontakt, in erster Linie aus dem, was er zu Hause bei anderen Familienmitgliedern sieht.

Vor kurzem lernte ich den 17-jährigen Lukas kennen. Er war groß, gut gebaut und gut aussehend; er war ein ausgezeichneter Schüler und Sportler und besaß ein angenehmes Wesen. Erstaunlicherweise hatte er trotz all dieser Vorzüge nur ein schwach ausgebildetes Selbstbewusstsein und hielt sich für ziemlich unfähig. Es war leicht, den Grund für seine geringe Meinung von sich herauszufinden, indem man einfach beobachtete, wie er Augenkontakt herstellte oder nicht. Sein Blick war fast immer nach unten gerichtet. Wenn er doch einmal den Augenkontakt aufnahm, dann geschah dies für den Bruchteil einer

Sekunde. Ich erklärte Lukas, dass seine Art, mit Menschen in Augenkontakt zu treten, sich ungünstig auf seine Beziehung zu anderen Menschen auswirke. Seine Unfähigkeit, Menschen richtig anzusehen, wirkte auf seine Selbsteinschätzung zurück. Die Leute fühlten sich in seiner Gegenwart nicht wohl, weil sie dachten, er möge sie nicht oder ignoriere sie. Sie waren tatsächlich erleichtert, wenn sie das Gespräch mit ihm beenden und sich entfernen konnten. Lukas legte dies natürlich als Ablehnung seiner Person aus und fühlte sich schlechter denn je. Nachdem sich dieser Zustand über viele Jahre hingezogen hatte, war es kein Wunder, dass Lukas zu einer schrecklichen Fehleinschätzung seiner selbst gekommen war. Zum Glück war es leicht, ihm zu helfen. Rasch konnte er seine Fähigkeit entwickeln, dem Blick anderer Menschen standzuhalten.

Wenn Ihr Teenager schlechte Gewohnheiten im Hinblick auf den Augenkontakt zu anderen Menschen angenommen hat, so können Sie ihn lehren, wie man es richtig macht. Ein guter Augenkontakt kann den großen Unterschied zwischen Erfolg und Versagen in fast allen Lebenssituationen ausmachen.

Es kann schwierig sein, Ihrem Teenager Blicke zu schenken, die Liebe ausdrücken. Besonders in jenen unangenehmen Zeiten, wenn er sich zurückzieht, ist das schwer genug. Manchmal kann es ein Problem werden, mit ihm zu sprechen, besonders wenn er Ihre Fragen nur mit „Hms" und „Achs" beantwortet oder ähnlichen Lauten. Diese unangenehmen Gesprächssituationen haben gewöhnlich eine von drei Ursachen:

- *Erstens, Rückzug ins psychosexuelle Alter, das wir in Kapitel 6 besprechen werden. Der Teenager löst Konflikte, die in der Vergangenheit aufgetreten sind.*
- *Zweitens, wenn der Drang nach Unabhängigkeit besonders stark ist und der Teenager das Bedürfnis hat, sich von den Eltern zu trennen.*
- *Drittens, wenn der Teenager ein unangenehmes Erlebnis mit Gleichaltrigen hatte und sich gekränkt fühlt.*

Diese Perioden der Verschlossenheit, des Sich-zurückziehens und des Schweigens sind zumeist auch begleitet von einer Ablehnung der Liebe und Zuneigung, die ihm die Eltern entgegenbringen wollen.

In solchen Zeiten wäre es ein Fehler, wenn Sie sich Ihrem Teenager aufdrängen oder ihn mit Fragen traktieren. Oft ist der Vater oder die Mutter dann irritiert, besorgt oder sogar verzweifelt und versucht, ein Gespräch mit so bedrängenden Fragen zu erzwingen wie: „Wie war es heute?" – „Was hast du heute erlebt?" – „War's schön?" – „Wer war alles dort?" Dies irritiert jeden, der nicht in Stimmung ist zu reden.

Das Geheimnis besteht darin, bereit zu sein. Anstatt ein Gespräch mit Ihrem Kind zu erzwingen, sind Sie einfach nur jederzeit bereit, sodass es mit Ihnen sprechen kann, wenn es ihm angenehm ist.

Wenn Ihr Kind das Pubertätsalter erreicht, kommt es immer mehr unter Druck durch seinen eigenen Drang nach Unabhängigkeit, nach Möglichkeiten, sich sexuell auszudrücken, und nach Bestätigung durch Gleichaltrige. Es muss Abwehrmechanismen gegen diesen Druck entwickeln, um nicht überfordert zu werden. Leider benutzt es gelegentlich ziemlich primitive und unangenehme Abwehrmittel wie z.B. Rückzug in die Reserve, Verweigerung von Gesprächen und mürrisches Wesen.

Diese primitiven Abwehrmechanismen kann man nicht überwinden oder bezwingen, ohne die Beziehung zum Kind zu schädigen. Wenn wir diese Situation meistern wollen, besteht der einzig vernünftige und konstruktive Weg darin, zu warten, bis die Abwehr nachlässt. Sie müssen zur Verfügung stehen, damit Ihr Kind zu Ihnen kommen kann, wenn es dazu bereit ist.

Aber wir können auch bestimmte Dinge tun, um diese Abwehrmechanismen leichter abzubauen; wir werden später noch darauf zurückkommen. Aber im Augenblick müssen Sie verstehen, dass Sie nicht versuchen, diese äußerst starken Verteidigungssysteme zu zerschlagen.

Die Fähigkeit des Teenagers, Blicken zu widerstehen, variiert je nachdem, wie stark sein Abwehrsystem ist. Als der Teenager noch jünger war, war er fast ständig aufnahmefähig für Augenkontakt. Aber wenn er in die Pubertät kommt, gibt es Zeiten der Unsicherheit, wenn er sich dem Augenkontakt widersetzt.

Lassen Sie sich von der gelegentlichen Neigung Ihres Kindes, den Augenkontakt zu verweigern, nicht irritieren. Versuchen Sie einfach, es zu akzeptieren und stellen Sie sich darauf ein, bereit zu sein, wenn es zu Ihnen kommt, sobald seine Seelenbatterie wieder leer ist. Dann wird es Ihrem Blick nicht ausweichen und wird auch mitteilsam sein. Es ist wichtig für seine Selbsteinschätzung und seine psychologische Entwicklung zu wissen, dass Sie zur Verfügung stehen, wenn es Sie braucht.

Körperkontakt

In der Übergangszeit vom Kindes- und Jugendlichen-
alter braucht ein Kind ständig die Versicherung von
seinen Eltern, dass es geliebt und akzeptiert wird.
Das Dilemma für viele liebende Eltern ist ihre Verwirrung darüber, wie sie dieses Bedürfnis erfüllen
sollen.

Manche Eltern versuchen es, indem sie zu nach-
giebig sind und ihren Kindern all die Dinge bieten,
die es ihnen ermöglichen, mit ihren Freunden Schritt
zu halten, wie z.B. ein Auto, eine Stereoanlage oder
Sportgeräte. Diese materiellen Dinge mögen an sich
in Ordnung sein, aber sie sind kein Ersatz für das,
was junge Menschen am meisten brauchen – unbe-
dingte Liebe. Einige Eltern sind allzu nachsichtig
beim Erlauben. Ich habe zum Beispiel viele Eltern
kennen gelernt, die ihren Teenagern erlauben oder
sie sogar ermutigen, zu Partys zu gehen, wo sexuelle
Wünsche geweckt werden können und wo alkoholi-
sche Getränke und andere Rauschmittel serviert werden. Nur wenige Teenager werden mit solchen Situationen fertig, aber dieser Druck auf unsere Jugend
wird immer stärker. Und doch helfen nur wenige Eltern ihren Kindern, sich davor zu schützen. Wenige
haben genug Einfluss auf sie, um sich dagegen zu
wehren. Warum? Weil sie es versäumt haben, ihren
Kindern in der Pubertät das Gefühl zu vermitteln, dass
sie geliebt, akzeptiert und ernst genommen werden.

Angemessener und ständiger Körperkontakt ist ein
überaus wichtiges Mittel, um Ihrem Teenager dieses
Gefühl zu vermitteln und ihn zu überzeugen, dass
Sie sich wirklich etwas aus ihm machen. Dies ist

besonders dann der Fall, wenn Ihr Teenager in einer nicht gerade mitteilsamen Stimmung ist, verschlossen, übellaunig oder widerspenstig. In solchen Zeiten kann Augenkontakt schwierig, wenn nicht sogar unmöglich sein. Aber Körperkontakt kann fast immer wirksam eingesetzt werden. Selten reagiert ein Teenager negativ auf eine leichte, kurze Berührung der Schulter, des Rückens oder des Arms. Zum Beispiel: Stellen Sie sich vor, Ihr Teenager sitzt gerade in einem Sessel und sieht fern. Wie leicht ist es da, ihn an der Schulter zu berühren, wenn Sie vorbeigehen.

Gewöhnlich wird er es nicht einmal bemerken. Aber sein Unterbewusstsein registriert es. Sie können diese wichtige Information nutzen, um ständige, gleichmäßige Liebe in Form von häufigen kleinen Dosen von Körperkontakt zu bieten. Sie können gelegentlich auch den Körperkontakt ausdehnen und intensivieren. Selbst wenn Ihr Teenager gerade in seiner nicht mitteilsamen Stimmung ist, kann Körperkontakt ein Mittel sein, um ihm Liebe auszudrücken. Solange die Aufmerksamkeit Ihres Teenagers auf etwas anderes gerichtet ist, können Sie ausgedehnten Körperkontakt gewähren, gleich in welcher Stimmung er ist. Wenn Ihr Teenager z.B. in einer besonders schwierigen Stimmung ist, die Ihnen Sorge macht – suchen Sie eine Gelegenheit, mit ihm über etwas zu sprechen, das Ihnen die Möglichkeit bietet, seine Aufmerksamkeit von sich selbst auf einen Gegenstand von Interesse abzulenken, das können z.B. Bilder oder Fotos sein. Sie können wirklich solche Gelegenheiten nutzen, indem Sie Ihre Hand auf seinen Arm, seine Schulter, oder seinen Rücken legen. Sie müssten natürlich Ihren Teenager gut genug kennen, um zu wissen, wie viel Körperkontakt er in einem bestimmten Augenblick ertragen kann.

Manchmal wird Ihr Teenager Körperkontakt akzeptieren, manchmal auch nicht. In solchen Zeiten der bewussten Ablehnung können Sie Körperkontakt aufnehmen, wenn seine Aufmerksamkeit abgelenkt ist, sodass er die Berührung nicht wahrnimmt. Auch wenn der Jugendliche sich des Körperkontakts nicht bewusst ist, wird er registriert. Seine Wirkung ist die, dass er in dem Gefühl bestärkt wird: „Meine Mutter und mein Vater lieben mich und nehmen mich ernst, selbst in diesen Zeiten, in denen es mir schwer fällt, mich ihnen zuzuwenden."

Es gibt noch andere Wege, um Körperkontakt mit einem Teenager zu halten. Mein 13-jähriger Sohn David holt sich häufig beim Sport eine Muskelzerrung. Er zögert nicht, mich zu bitten, dass ich den Muskel massiere. Ich bin dankbar dafür, denn dies gibt mir eine wunderbare Gelegenheit, den Körperkontakt zu nutzen.

Einmal landete meine Tochter Carey falsch auf einem Trampolin und ihre Nackenmuskeln mussten gerieben werden. Das war wieder eine gute Gelegenheit für Körperkontakt.

Glücklicherweise mögen es alle meine Kinder, wenn man ihnen den Rücken krault. Das hat einen erstaunlichen Effekt auf ihre psychologischen Abwehrmechanismen und hilft auch enorm, ihre Seelenbatterie geladen zu halten. Letzten Sommer, als David aus der Sommerfreizeit heimkam, was war das Erste, was er verlangte? Dass wir ihm den Rücken kraulen und dass seine Mutter und ich mit ihm sprachen und ihm vorlasen.

Obwohl einige Eltern nicht bereit sind, ihre Teenager seelisch durch Körperkontakt zu befriedigen, so stelle ich doch dankbar fest, dass die meisten Eltern ihre Kinder genügend lieben, um das für sie zu tun. Es ist so einfach und doch so wunderbar wirkungsvoll.

In bestimmten Situationen ist es gut, wenn Sie Ihren Teenager an sich drücken und küssen. Auch wenn Sie es nicht so oft tun sollten, dass es ihm unangenehm wird, so gibt es doch Augenblicke, in denen es angemessen ist: wenn Sie auf eine Reise gehen oder zurückkommen, oder wenn der Teenager etwas tut, worauf er besonders stolz ist – wie z.B. einen Preis gewinnt. Oder wenn Ihr Teenager zu Ihnen kommt und zutiefst verletzt ist, reuevoll oder anderweitig bedrückt, und es zu brauchen scheint. Und dann gibt es natürlich auch die Zeiten, wenn Ihr Teenager ganz einfach ein Bedürfnis nach Liebe hat. Wenn Sie wachsam sind und bereit, so werden Sie kostbare Augenblicke mit Ihrem Kind erleben. Aber Sie müssen für solche Gelegenheiten empfänglich sein, denn es ist manchmal schwierig zu wissen, wann der Jugendliche Zuneigung wünscht oder braucht.

Manchmal wird Ihr Teenager sehr behutsam sein in seinen Andeutungen, dass er Ihre Aufmerksamkeit oder Zärtlichkeit wünscht. Es kann sein, dass er auf Sie zukommt und über ganz oberflächliche oder bedeutungslose Dinge spricht. Gewöhnlich ist das der Schlüssel. In dem Moment scheint er in so überaus ernsthafter Stimmung zu sein, und doch gerät er über den Gegenstand des Gesprächs aus dem Konzept. In diesem Augenblick ist es wichtig, dass Sie geduldig bleiben. Ihr Teenager will nur Zeit gewinnen, damit seine psychologischen Abwehrmechanismen weit genug abgebaut worden sind, damit er über wichtige und bedeutsame Dinge sprechen kann. Seien Sie vorsichtig, dass Sie nichts übereilen und das Gespräch abschneiden. Ihr Kind würde das natürlich als Ablehnung auslegen und Ihre Beziehung zu ihm könnte beeinträchtigt werden. Seien Sie geduldig und lassen Sie Ihrem Kind die Zeit, die es braucht, bis seine oberflächlichen Reden endlich dem Platz machen, was es wirklich erzählen will. Sie müssen ein aktiver Zuhörer sein und das bedarf der Geduld.

Bei Therapiegesprächen mit Familien ist eine der häufigsten Fragen seitens der Eltern: „Wenn ich meinem Kind sehr wenig Augen- und Körperkontakt gegeben habe, wie kann ich das wieder gutmachen?" Das ist eine sehr gute Frage. Solche Eltern sollten ihre Kinder nicht dadurch überfordern, dass sie sie plötzlich mit zu viel Augen- und Körperkontakt „überschütten". Erst einmal müssen Sie eine Grundlinie finden – eine generelle Idee, wie viel Augen- und Körperkontakt Ihr Kind verkraften kann. Davon ausgehend müssen Sie im Laufe der nächsten Wochen und Monate den Kontakt allmählich steigern. Je weniger deutlich die Steigerungen zu bemerken sind, umso besser und umso wohler wird sich der Teenager fühlen.

Jemand hat einmal gesagt: „Gott sei Dank ist die Pubertät eine zeitlich begrenzte Seuche." Wir Eltern müssen in dieser schwierigen Zeit und intensiver

Veränderung immer „am Ball bleiben". Je mehr wir unseren kühlen Kopf und die Selbstbeherrschung bewahren, umso reibungsloser und weniger hektisch wird die Zeit vorübergehen, und umso besser wird unser Verhältnis zu ihnen sein, wenn sie das Erwachsenenalter erreichen.

Wenn wir bereit bleiben, unseren Kindern die Liebe zu geben, die sie brauchen, immer wenn sie bereit sind, sie anzunehmen, dann demonstrieren wir auch die Art und Weise, in der Gott mit uns umgeht. Er ist ständig bereit, uns zu erquicken und zu helfen als Mitglieder seiner Familie, auch wenn wir ihn ablehnen. „... sind wir untreu, so bleibt er doch treu; er kann sich selbst nicht verleugnen" (2 Tim. 2,13).

6. Die Selbstbeherrschung der Eltern

Herr und Frau Oliver sahen einander an und schüttelten den Kopf vor Verwunderung. Vor kaum 10 Minuten hatte ihnen ihre 16-jährige Tochter Evelin genau erläutert, wie es ihr gelungen war, einen viel begehrten Job zu bekommen, indem sie den Arbeitgeber damit beeindruckte, wie reif sie war. Jetzt weinte sie hemmungslos, weil ihr Bruder ihr Shampoo benutzt hatte.

Eltern von Teenagern wissen, dass die Pubertät eine bewegte Zeit ist, in der das pubertierende Kind von einem Kleinkind zu einem Erwachsenen hin- und herpendelt, von süß nach sauer, von logisch nach irrational und wieder zurück, all das innerhalb eines einzigen Tages oder einer Stunde. Diese Veränderungen können intensiv und häufig sein und zu wenige Eltern wissen genau, warum es geschieht.

Im Teenageralter versuchen junge Leute, alle Konflikte zu lösen, die sie früher im Leben durchlebt haben, besonders mit ihren Eltern. Dies ist kein bewusster Wunsch oder Drang seitens der Teenager, sondern ist so vorbestimmt in ihrem Inneren, als wenn sie es bewusst täten.

Aus diesem Grunde wird ein Kind in der frühen Pubertät zwischen 12 und 15 häufige und unerwartete Stimmungswechsel zeigen. In einer Minute mag es sehr reif erscheinen und in der nächsten wie ein kleines Kind. Ehe es sich auf angenehme und normale Art von seinen Eltern lösen und verantwortlich und unabhängig werden kann, muss ein Teenager seine Vergangenheit sozusagen von Problemen und Konflikten reinigen, die er mit anderen Menschen gehabt hat, und insbesondere mit seinen Eltern.

Als meine Tochter Carey 13 war, bemerkte ich eines Tages, dass ihre Einstellung zu mir irgendwie von Irritation und einer gewissen Feindschaft geprägt zu sein schien. Ich fragte sie: „Sag mir bitte, Kleines, habe ich irgendetwas getan, was dich geärgert oder gekränkt hat?" Ohne zu zögern erzählte sie mir von einem Vorfall, der sich sechs Jahre zuvor ereignet hatte. Wir fuhren in einem Kombi; meine Frau und ich saßen vorn, die anderen Kinder auf der mittleren Sitzreihe und Carey mit einer Freundin auf dem Rücksitz. Alle Kinder warfen mit Popcorn um sich. Weil mich das beim Fahren störte, schrie ich, sie sollten aufhören. Carey rief aus, dass es ihr peinlich gewesen sei, wie ich ihre Freunde angeschrien hätte. Ja, ich erinnerte mich an den Vorfall, aber ich hätte nie angenommen, dass sie das so tief gekränkt haben könnte.

In jenem Augenblick war Carey psychologisch auf die Stufe einer Siebenjährigen zurückgestiegen, um mit diesem speziellen Konfliktfall fertig zu werden. Nachdem sie mir diesen Vorfall genannt hatte (und ich bemerkte die Wut in ihrer Stimme), sagte ich ihr, dass ich ehrlich nicht die Verlegenheit und den Schmerz bemerkt hätte, den ich ihr zugefügt haben musste. Nachdem ich ihr gesagt hatte, dass es mir Leid täte und sie um Verzeihung gebeten hatte, war sie sofort erleichtert und wurde wieder die ganz normale Dreizehnjährige, die sie war.

Dieses Rückwärts- und Vorwärtsgehen im psychologischen Reifungsprozess ist einer der Gründe, warum Teenager am Anfang der Pubertät so unberechenbar und manchmal schwer zu verstehen sind. Eltern sollten auf sie je nach dem Alter reagieren, das sie in dem Augenblick demonstrieren. Wenn Sie z.B. Ihr Kind am Anfang der Pubertät mit einer hochgestochenen Frage konfrontiert, wie: „Papa, was hältst du von der Krise im Vorderen Orient? Ich frage mich wirklich, ob die vertriebenen Palästinenser-Familien nicht das Recht haben sollten, in ihre Häuser zurückzukehren und ganze normale Bürger des israelischen Staates werden sollten."

Nachdem Sie ein paar Mal tüchtig geschluckt haben, können Sie mit ihm auf genau der Ebene sprechen und das Thema diskutieren.

Aber dieser gleiche Teenager kann nach einer halben Stunde wieder mit etwas kommen, das dem Wutanfall eines Zweijährigen gleicht. Was soll man da tun? Richtig, sprechen Sie dann mit ihm genauso, wie es für einen Zweijährigen mit einem Wutanfall angemessen wäre. Wie Sie erkennen können, gehört wirklich Flexibilität für Sie dazu, sich von einer Gesprächsebene zur anderen zu bewegen. Das ist auch der Grund, warum ein guter, flexibler Jugendberater, der mit mehreren Jugendlichen in der frühen Pubertät am Tag zu tun hat, am Abend völlig ausgepumpt sein kann.

Es ist außerordentlich wichtig, dass Sie als Eltern stets zeigen, dass Sie Ihre Gefühle beherrschen. Gefühlsmäßige Überreaktion schadet der Beziehung zu Ihrem Kind in mehrfacher Hinsicht:

- *Übermäßige und unkontrollierte Wut werden es Ihrem Teenager schwer machen, zu Ihnen zu kommen, wenn er seine Seelenbatterie nachladen lassen muss.*
- *Emotionale Überreaktion kann dazu führen, dass Ihr Jugendlicher Sie weniger respektiert – eine sehr natürliche Reaktion auf jeden, der keine Selbstbeherrschung hat.*
- *Wenn Sie den Kopf verlieren, kann das dazu führen, dass Ihr Kind dem Einfluss anderer ausgeliefert wird, besonders dem Einfluss Gleichaltriger.*

Wie man Selbstbeherrschung bewahrt

Aber wie kann man sich emotional „fit" halten? Wie bewahrt man die Selbstbeherrschung? Die üblichen Probleme, die einen negativen Einfluss auf die Fähigkeit der Selbstbeherrschung haben, sind Depression, Müdigkeit und Angst. Die meisten Menschen können ihren Depressionen nicht wirksam entgegentreten, weil sie nicht wissen, wie viel sie damit zu tun haben werden und ob man viel Zeit allein oder mit anderen Menschen verbringen sollte. Es geht also um das Zeitgleichgewicht. Jeder Mensch hat in dieser Hinsicht andere Bedürfnisse. Manche Menschen brauchen mehr Zeit in Gesellschaft mit anderen, manche Menschen müssen mehr allein sein können. Leider kann ich mich an niemand erinnern, den ich getroffen hätte und der sich tatsächlich dieser entscheidenden Tatsache bewusst gewesen wäre. Die meisten Menschen passen in das folgende Schema: Sie verbringen mehr und mehr Zeit mit anderen Menschen bis zu dem Punkt der sozialen Sättigung.

Sie sind dann immer häufiger Depressionen ausgesetzt, weil sie gefühlsmäßig ausgelaugt und übermüdet sind von zu viel sozialem Kontakt. Depression führt bei den meisten Menschen dazu, dass sie sich zurückziehen und abgesondert sein wollen. Wenn sie es leid sind, ständig mit anderen Menschen zusammen zu sein, verbringen sie viel zu viel Zeit allein. Dann aber fühlen sie sich einsam, sehnen sich danach, mit Menschen zusammen zu sein, suchen ihre Gesellschaft, und der Teufelskreis beginnt aufs Neue. Das ist einer der Gründe, warum nur wenige Menschen ein ausgeglichenes und harmonisches Leben führen. Natürlich gibt es einige unglückliche Menschen, die ihr Leben nicht genügend selbst bestimmen können, um diese Ausgeglichenheit herbeizuführen. Andere sind zu viel allein, weil sie alt oder krank sind, oder weil sie keinen Zugang zu Freunden finden. In jedem Fall ist die Depression allgegenwärtig.

Im Interesse Ihrer eigenen seelischen Gesundheit und der Ihres heranwachsenden Kindes müssen Sie bestimmen, wie viel Zeit Sie mit anderen Menschen verbringen sollen und wie viel Ihnen allein gehört. Die Verteilung variiert von einem Menschen zum anderen, und Ihr eigenes Verhältnis kann sich je nach Lebensalter, Jahreszeiten und Umständen ändern. Auch die Qualität jeder Art Zeitvertreib ist wichtig, besonders bei der Zeit, die Sie allein verbringen. Diese sollte Sie gefühlsmäßig erfrischen. Es kann bedeuten, dass Sie ein gutes Buch lesen, wandern, spazieren gehen, allein Gymnastik treiben, beten oder meditieren. Das Fernsehen füllt selten diesen Bedarf. Tatsächlich scheint das Fernsehen die Menschen erst recht seelisch zu belasten.

Seelisches Gleichgewicht und Selbstbeherrschung kommen nicht einfach von selbst. Sie müssen sich darauf vorbereiten, mit seelischer Belastung und Frustration fertig zu werden. Ein normaler Teenager wird Ihnen beides bescheren. Um eine gesunde Beziehung mit Ihrem Kind aufrechtzuerhalten und mit ihm im Gespräch zu bleiben, müssen Sie sich immer in der Gewalt haben und insbesondere Ihre Wut beherrschen. Gefühlsmäßige Überreaktion ist zerstörerisch, wenn sie zu häufig auftritt und nicht in einer Klärung der Situation endet. Wir alle zeigen gelegentlich Überreaktionen, und wenn es nicht zu oft geschieht, so kann aus einer negativen Situation eine positive entstehen. Dazu kann gehören, dass Sie sich bei Ihrem Sohn oder Ihrer Tochter für die Überreaktion entschuldigen: „Entschuldige, Liebes, ich war gestern zu heftig und habe dich angeschrien. Was du getan hast war falsch, aber ich habe zu heftig reagiert und hätte ruhiger bleiben sollen. Verzeih mir bitte!" Diese Einstellung verhindert nicht nur viele Katastrophen, sondern kann auch die Beziehung zwischen Eltern und Jugendlichen stärken und verschönern. Aber wenn Sie zu oft und zu extreme Überreaktionen haben und dann einfach nur sagen, es täte Ihnen Leid, und um Verzeihung bitten, dann klappt das nicht mehr; es kann Sie sogar in den Augen Ihres Kindes herabsetzen.

Je freundlicher Sie im Umgang mit Ihrem Kind sind, umso strikter können Sie sein, wenn Sie ihm Grenzen setzen und Disziplin fordern. Gleichermaßen gilt, je unfreundlicher Sie mit Ihrem Kind sind, umso weniger können Sie es sich leisten, streng zu sein, umso weniger wird es Sie dann respektieren und wird eher dazu neigen, entgegen Ihren Wünschen zu handeln.

Je unfreundlicher Sie sind, umso mehr elterliche Autorität setzen Sie aufs Spiel, wenn Sie einmal Ihrem eigenen Ärger und Ihrer Frustration freien Lauf lassen. Je freundlicher Sie sind, umso mehr elterliche Autorität haben Sie gespart, um das Verhalten Ihres Kindes selbst zu steuern. Und genau das ist es, was Sie brauchen – Steuerung des Verhaltens! Wie können Sie Selbstbeherrschung von Ihrem Kind erwarten, wenn Sie sie nicht selbst haben? Energie, Vorbereitung, Selbstdisziplin und Selbstbeherrschung sind notwendig, wenn Sie freundlich bleiben wollen inmitten unangenehmer aber normaler pubertärer Verhaltensweisen.

Ärger ist schwer zu steuern, wenn Ihr geistiges Leben nicht gesund ist. Ein ungesundes geistiges Leben kann zu Depressionen und Angst führen. Es kann sich auch insofern ungünstig auf Ihre Gedanken auswirken, als Sie zu falschen Entschlüssen und Schlussfolgerungen kommen, einschließlich Ihrer Einschätzung der Motive anderer Menschen. Jedes dieser Probleme kann dazu führen, dass Sie die geistige Perspektive verlieren, und kann Ihre Fähigkeit einschränken, Ärger zu beherrschen.

Ich glaube, ein gesundes geistiges Leben besteht darin, dass das Verhältnis zu Gott in Ordnung ist. Wie kann das geschehen? Erst einmal ist sicherzustellen, dass man ein reines Gewissen hat, indem man

Gott bittet, das Herz zu erforschen und auf Falsches hinzuweisen. Er wird es finden. Als Nächstes muss man seine Fehler eingestehen und Gottes Vergebung erbitten. Dadurch wird der Weg zum Gespräch mit Gott frei. Jetzt kann man ihm näher kommen und er kann einem selbst näher kommen. Gott kann einem dann seine seelische und geistige Batterie laden. Er tut es, indem er bei uns ist, nahe bei uns, uns zuhört, führt, tröstet und aufrichtet.

Es braucht Zeit, Gott lange genug nahe zu sein, damit man ihn wirklich kennt und er einen auf seine Aufgaben als Eltern vorbereiten kann.

Mir fällt es sehr schwer, Zeit für das Alleinsein mit Gott aufzubringen, ohne dass ich abgelenkt werde. Meine Zeit für seelische und geistige Erholung durch meinen himmlischen Vater ist oft nur auf die Zeit zwischen 21.00 Uhr und 21.30 Uhr beschränkt, wenn alle Kinder im Bett sind. Um allen Ablenkungen aus dem Wege zu gehen, laufe ich oft ein wenig im Freien umher. Manchmal sitze ich draußen, wenn es das Wetter erlaubt, oder ich bin in einem ruhigen Zimmer. Es bedarf gewöhnlich 10 oder 20 Minuten der Stille, um mich Gott nahe zu fühlen, um innerlich zur Ruhe zu kommen nach einem typisch hektischen Tag. Gott drängt mich nicht zur Eile.

Ihre Fähigkeit, mit Ärger fertig zu werden, wird von vielen Dingen beeinflusst, die wenigsten von Ihnen haben etwas mit Ihrem Teenager zu tun. Ihre körperliche Verfassung spielt ebenfalls eine Rolle. Ernähren Sie sich so, dass Sie sich so wohl wie möglich fühlen? Ich habe so viele Menschen gesehen, die glaubten, ihre Ernährung sei gesund, obwohl sie es nicht war. Die meisten Autoritäten behaupten, das Frühstück sei die wichtigste Mahlzeit des Tages. Was man zum Frühstück isst, bestimmt ganz erheblich, wie man sich den Rest des Tages über fühlt. Die meisten Leute essen zu viel Kohlehydrate und nicht genug Eiweiß und Ballaststoffe zum Frühstück. Dadurch kommt es gewöhnlich zu Energiemangel, und sie müssen Aufputschmittel wie Kaffee und Tee zu sich nehmen. Das Koffein wirkt auf verschiedene Weise auf den Menschen, in keinem Fall aber so, dass seine seelische Ausgeglichenheit und Ruhe gefördert wird, die man im Umgang mit einem Teenager braucht. Daher ist ein gesundes Frühstück mit viel Eiweiß und Ballaststoffen und unter Vermeidung von Koffein ein guter Start in den Tag, der einem hilft, Selbstbeherrschung zu erlangen.

Viele Leute glauben, dass sie sich einen Gefallen tun, wenn sie das Frühstück oder sogar das Mittagessen auslassen. Das Frühstück auslassen hilft nicht, wenn man abnehmen will, noch fördert es das Wohlbefinden. Zum Mittagessen ist wichtig, dass man nicht zu viel Kohlehydrate zu sich nimmt und dass man Koffein vermeidet. Zu viel Kohlehydrate zehren an der Energie. Koffein erhöht die Nervosität. Es ist erstaunlich, wie viel besser ich mich zwischen Mittag- und Abendessen fühle, wenn ich Salate statt Koteletts oder einem Hamburger gegessen habe.

Das Abendessen ist die Mahlzeit, bei der die meisten Menschen zu viel essen. Dies ist ein Grund dafür, warum ein gesundes Frühstück und Mittagessen so wichtig sind. Wenn Sie zu viel Kohlehydrate gegessen oder das Frühstück oder Mittagessen ausgelassen haben, so können Sie später Ihre Essensaufnahme nicht mehr kontrollieren, insbesondere wenn Sie gerade eine Zeit der Angst oder Depression durchmachen. Und wenn Sie in solchen Zeiten nicht ordentlich essen, werden Sie sich im Laufe des Abends auch nicht wohl fühlen.

Vernunft, regelmäßige körperliche Übungen, gute Ernährung, Erholung und ein gesundes spirituelles Leben können viel dazu beitragen, Depressionen zu vermeiden. Leider ist nicht jede Art von Depression zu verhindern. Viele Menschen sind von ihrer biochemischen oder ihrer genetischen Veranlagung her Depressionen ausgesetzt. Wenn ein Mensch alles in seiner Macht Stehende getan hat, um Depressionen zu vermeiden und trotzdem deprimiert wird, so sollte er Hilfe suchen, nicht nur um seiner selbst willen, sondern seiner Familie zuliebe. Eine leicht bis schwer depressive Mutter oder ein solcher Vater können einfach nicht gut mit einem normalen Teenager umgehen. Das Verhältnis zwischen Eltern und Kind muss leiden, ebenso der Teenager selbst.

Malte

Malte war ein Junge von 17 Jahren, der wegen Drogengebrauchs, schlechter Noten und trotzigen Verhaltens zu mir gebracht wurde. Als ich ihn allein für mich hatte, war er ruhig und höflich, und es war ganz besonders leicht, mit ihm ins Gespräch zu kommen. Ich hatte das Gefühl, er sprach die Wahrheit, als er angab, dass er selbst sein Benehmen nicht möge und es ändern wolle. Aber nach fürchterlichen Streitereien und Wortgefechten mit seinem Vater, die zum Alltag gehörten, pflegte er so wütend zu werden, dass er nur daran dachte, wie er all das genau wieder tun könne, was sein Vater (und er) nicht mochten. Natürlich wollte ich Maltes Aussagen überprüfen und sehen, ob sie richtig waren. So bat ich seine Eltern, mit ihm zusammen zu mir zu kommen.

Maltes Vater war ein außergewöhnlich unangenehmer Mann. Er machte sofort eine überaus feindselige Bemerkung über Maltes „schreckliches und unerträgliches Benehmen". Seine Wut und die Schärfe seiner Bemerkungen hörten nicht auf, sondern steigerten sich. Malte reagierte nicht, aber eine tiefe, schmerzvolle Wut schien sich langsam in ihm anzusammeln. Schließlich versuchte Maltes Mutter einzugreifen, indem sie dem Vater sagte, dass Maltes Benehmen in letzter Zeit gut gewesen sei, und dass sie nicht verstehen könne, warum er so böse sei. Auch stellte ich fest, dass das Benehmen, über das sich der Vater beklagte, solche vehementen Verwünschungen nicht rechtfertigte. Der Vater übersah nicht nur die Bitten der Mutter zu Gunsten des Sohnes, sondern er nutzte Maltes Benehmen als Ausrede, um sich selbst von übergroßem Ärger zu befreien. Als ich mit dem Vater allein sprach, erfuhr ich die wirkliche Ursache für seine Frustration. Er hatte schwere Probleme auf der Arbeit, war außerordentlich deprimiert, konnte nicht gut schlafen, kaum essen, war schnell müde und hatte ganz allgemein das Gefühl, es lohne sich nicht zu leben. Malte war das einzig „sichere" Ventil, um sein Elend loszuwerden. Ich weiß nicht, wer mir mehr Kummer macht – Malte, seine Mutter oder sein Vater.

Es ist häufig so, dass Kinder als Ventile für den verdrängten Ärger der Eltern herhalten müssen. Teenager setzen uns oft unter Druck, machen uns nervös, unglücklich und ärgerlich. Daher scheint es manchmal gerechtfertigt, allen angesammelten Ärger auf sie abzuladen. Das aber ist so gefährlich! Übergroßer und unangemessener Ärger ist der Feind aller Bemühungen der Eltern, mit ihren Kindern gut auszukommen. Nichts ist mehr dazu geeignet, das Band zwischen Eltern und Kindern zu zerreißen, als schlecht beherrschter Ärger.

Eltern müssen daran denken, dass Teenager gefühlsmäßig noch Kinder sind, und dass sie das Gefühl haben müssen, bedingungslos geliebt zu werden. Sie müssen das Gefühl haben dürfen, dass sie ihren Eltern wirklich etwas bedeuten. Damit dies gelingt, sollten Eltern zur Verfügung stehen, wenn die Teenager immer wieder zu ihnen zurückkommen, um ihre Batterie laden zu lassen. Sie werden gern wiederkommen, um sich aufrichten zu lassen, wenn die Eltern sie nicht mit gefühlsmäßigen Überreaktionen oder Unfreundlichkeit davonjagen, und wenn sie es verstehen, ihre Seelenbatterien geladen zu halten.

Die meisten Eltern scheinen anzunehmen, dass ihre Teenager ihre Liebe und Zuneigung nicht so sehr brauchen wie einst als kleine Kinder. Das ist einfach nicht wahr. Teenager brauchen auch weiter Liebe, Zuneigung, Sicherheit und Zuwendung, sogar mehr als je zuvor, auch wenn sie in ihrem biologisch bedingten Drang nach Unabhängigkeit manchmal so tun, als sei dies nicht der Fall.

Ich selbst habe diese Fehler bei meiner Tochter

Carey gemacht. Ihr 18. Geburtstag und ihr Abitur fielen etwa zusammen. Ohne es zu merken, behandelte ich sie plötzlich, als habe sie mit dem Abitur auch die Entlassung in die Unabhängigkeit einer Erwachsenen erhalten. Zum Glück bemerkte meine Frau Pat die Wirkung, die das hatte. Ich behandelte nämlich Carey nicht mehr so liebevoll und fürsorglich als mein Kind wie früher; das tat ihr weh, denn sie hatte das Gefühl, als habe sie etwas falsch gemacht. Pat machte mich darauf aufmerksam, und Gott sei Dank konnte ich mein Verhalten wieder umstellen und sie behandeln wie eine Tochter – wie mein Kind.

Unser Bedürfnis, geliebt und umsorgt zu werden, hört eigentlich nie auf. Dieses Bedürfnis mag allmählich von anderen Menschen im Erwachsenenleben erfüllt werden. Aber in den Jahren, wenn unsere Kinder von uns abhängig sind, müssen wir Eltern immer bereit sein, sie zu lieben und zu halten, wann immer wir gebraucht werden, insbesondere in den Jahren der Pubertät.

7. Wut bei Teenagern

Viele Eltern nehmen an, dass Wut bei einem Kind schlecht oder unnormal ist, und dass man den Ausdruck derselben unterdrücken oder verbieten müsse. Dies ist ein gefährlicher Irrtum. Die Heilige Schrift sagt uns, wir sollen „einen Knaben an seinen Weg gewöhnen ... so lässt er auch nicht davon, wenn er alt wird" (Sprüche 22,6). Eines der wichtigsten Bereiche, in dem ein Kind, insbesondere ein Teenager, der Gewöhnung bedarf, ist, wie es mit der Wut umgehen kann.

Das Gefühl der Wut ist nicht schlecht oder gut an sich. Wut ist normal und wird von jedem menschlichen Wesen erlebt. Das Problem ist nicht die Wut selbst, sondern wie man sie handhabt. Und hier haben die meisten Menschen Probleme. Ich glaube, es ist unerlässlich, die verschiedenen Möglichkeiten zu kennen, wie man mit Wut umgehen kann, und zu wissen, welche Methoden besser und welche schlechter sind.

Passiv-aggressives Verhalten

Wir wollen mit dem beginnen, was ich als die absolut schlechteste Art betrachte mit Wut umzugehen – passiv-aggressives Verhalten. Im Allgemeinen vermeide ich es, professionelle Ausdrücke zu verwenden, aber dies ist ein Begriff, den Sie unbedingt kennen sollten. Passiv-aggressives Verhalten ist das Gegenteil von offenem, ehrlichem, direktem und verbalem Ausdruck der Wut. Passiv-aggressives Verhalten ist ein Ausdruck von Wut, die indirekt auf einen Menschen zurückfällt. Einige Beispiele hierfür sind Trödeln, Hinausschieben, Herumgammeln, Trotz, absichtlich schlechte Leistungen und „Vergesslichkeit". Der unbewusste Zweck des passiv-aggressiven Verhaltens ist, die Eltern oder andere Bezugspersonen zu treffen und sie ärgerlich zu machen.

Passiv-aggressive Techniken zur Handhabung von Wut sind indirekt, hinterhältig, selbstzerstörerisch und destruktiv. Leider ist passiv-aggressives Verhalten unbewusst motiviert; d.h. das Kind ist sich dessen nicht bewusst, dass es widerspenstiges, destruktives Verhalten benutzt, um seine aufgestaute Wut freizulassen, um seine Eltern zu treffen.

Eine der frühesten Möglichkeiten, wie ein Kleinkind passiv-aggressive Einstellung zeigen kann, ist, seine Hosen zu beschmutzen, nachdem es bereits gelernt hat, zur Toilette zu gehen. In vielen solchen Fällen liegt dem zu Grunde, dass die Eltern dem Kind verboten hatten, Wut auszudrücken, insbesondere verbal. Wenn dann die Eltern überreagiert haben, indem sie zu wütend wurden oder es sogar bestraft haben, wann immer es offen Wut ausdrückte, was soll dann das Kind mit seiner normal entstandenen Wut anfangen?

Ein Kind kann in dieser Situation passiv-aggressives Verhalten anwenden, um den Eltern das in einer Weise heimzuzahlen, die sie ärgert, wie etwa in die Hose zu machen – eine sehr wirksame, aber ungesunde Art, Wut auszudrücken. Wie Sie wissen, gibt es wenig, was Eltern in dieser Situation tun können. Weil sie sich geweigert haben, dem Kind offenes und direktes Ausdrücken der Wut zu erlauben, war das Kind gezwungen, eine indirekte und schädliche Methode zu suchen, um seine Wut loszuwerden, und die Eltern haben sich so selbst in eine Ecke manövriert. Je mehr die Eltern das Kind strafen, umso mehr wird es nicht die Toilette aufsuchen. Warum? Weil der unterbewusste Zweck passiv-aggressiven Verhaltens darin besteht, die Eltern zu kränken. Welch ein Dilemma! Stehe Gott beiden, Eltern und Kind, in einer solchen Situation bei!

Viele ältere Kinder, die sich passiv-aggressiver Mittel bedienen, um Wut auszudrücken, arbeiten sehr schlecht in der Schule mit. Ihre Einstellung ist die: „Man kann ein Pferd zum Wasser führen, aber man kann es nicht zwingen zu trinken. Ihr könnt mich zwingen, in die Schule zu gehen, aber ihr könnt mich nicht zwingen, gute Noten zu bekommen." Wieder sind die Eltern hilflos, die Wut der Kinder hat die Oberhand. Je mehr die Eltern leiden – unterbewusster Zweck des Ganzen – umso schlimmer wird die Situation. Es ist wichtig zu wissen, dass dem passiv-aggressiven Kind diese Dinge nicht bewusst sind, in die es seine Eltern hineingezwungen haben.

Passiv-aggressives Verhalten ist schlimm genug bei jüngeren Kindern, aber passiv-aggressives Verhalten bei Teenagern kann katastrophal sein. Ich habe miterlebt, wie diese ungesunde Art, mit Wut umzugehen, Teenager in den Strudel des Abgrunds getrieben hat – angefangen von schlechten Noten in der Schule, über Drogen, Schwangerschaft, Kriminalität bis hin zum Selbstmordversuch. Es gibt natürlich auch noch andere Gründe für diese Arten von Verhalten. Die passiv-aggressive Einstellung ist jedoch eine der ernstesten Ursachen, die bei Teenagern immer häufiger vorkommt.

Ich habe viele Teenager erlebt, die in der Schule schlecht waren, weil ihre Eltern für sie unnahbar geworden waren – wegen ihrer gefühlsmäßigen Überreaktionen oder dadurch, dass sie intolerant waren, weil sie ihren Kindern nicht erlaubten, negative oder unangenehme Gefühle auszudrücken. Ich habe Teenager gesehen, die elterliche Vorschriften verletzen, indem sie u.a. gewohnheitsmäßig spät nach Hause kommen, nicht aufgrund eines normalen Unabhängigkeitsstrebens, sondern als Mittel, ihre Eltern zu ärgern und ihren Ärger indirekt auszudrücken. Ich habe Mädchen gesehen, die schwanger geworden waren als Ausdruck von Wut gegen ihre Eltern, weil sie ihnen nie erlaubt hatten, unangenehme Gefühle, besonders Wut, auszudrücken. Ich habe Teenager gesehen, die antisoziale und antiautoritäre Einstellungen angenommen hatten – als Mittel, um ihren Ärger auszudrücken.

Was aber noch schlimmer ist: Ich habe gesehen, wie Teenager ihre unausgedrückte Wut an sich selbst ausgelassen und psychosomatische Leiden verursacht haben, wie z.B. Kopfschmerzen, Geschwüre und Hautprobleme. Und was noch tragischer ist, ich habe gesehen, wie passiv-aggressives Verhalten bei Teenagern so tief verwurzelt war, dass es ihre primäre Art wurde, mit Wut erzeugenden Situationen fertig zu werden, wo immer sie in solche gerieten, sogar so weit gehend, dass sie Selbstmord begingen, um ihre Wut indirekt auszudrücken.

Kürzlich hatte ich ein 16-jähriges Mädchen in Behandlung, deren Eltern fälschlicherweise meinten, ihre Tochter richtig zu erziehen, indem sie ihr verboten, alle unangenehmen Gefühle zu äußern, besonders Wut. Sie dachten, sie könnten sie lehren, ein glücklicher Mensch zu werden, wenn sie lernen würde, nur angenehme Gefühle auszudrücken. Sie lernte stattdessen zu vermeiden, den Ärger als Quelle ihrer Frustration offen zu zeigen; sie war dazu übergegangen, ihren Ärger so auszudrücken, dass es indirekt den Menschen kränkte, der den Ärger verursacht hatte. Dies wurde zu einer solchen Gewohnheit, dass man ihr Verhalten zum Teil nur verstehen konnte, wenn man wusste, dass sie jemand indirekt kränken wollte. Was sie schließlich dazu brachte, ärztliche Hilfe zu suchen, war ihr sechster Selbstmordversuch. Jeder dieser Versuche war angelegt, um einem bestimmten Menschen Schuldgefühle beizubringen, ihn zu ärgern und zu kränken. Die ersten fünf Versuche waren halbherzig geplant und keine große Gefahr für ihr Leben. Der sechste Versuch jedoch führte dazu, dass sie tagelang in einem Koma lag und dem Tode nahe war. Als ich nach ihrer Genesung mit ihr sprach, sah ich, dass ihr Verhalten ihr selbst rätselhaft war. Sie verstand nicht, dass ihr Verhalten ein seit langem eingeprägtes Muster war, um Wut auf ungesunde, selbstzerstörerische, schädliche, indirekte und unangemessene Weise auszudrücken.

Passiv-aggressives Verhalten ist sehr weit verbreitet. Warum? Weil die meisten Leute Wut nicht verstehen oder nicht wissen, was man damit anfängt. Sie meinen, Ärger sei irgendwie falsch oder sündig und sollte dem Kind „ausgetrieben" werden. Dies ist ein tragisches Missverständnis, denn Wut zu fühlen ist normal und ist schon von jedem Menschen erlebt worden, der je geboren wurde. Wenn Ihr Kind wütend wird und Sie schlagen es oder schreien es an: „Hör auf so zu reden, ich verbiete es dir!", was kann ein Kind da tun? Es gibt für es nur zwei Möglichkeiten – es kann ungehorsam sein und weiter „so reden", oder es kann Ihnen gehorchen und seinem Ärger nicht Luft machen, aber der Ärger selbst geht davon nicht weg. Das Kind wird einfach seinen Ärger unterdrücken und in sein Unterbewusstsein verdrängen, wo er weiter bestehen bleibt und wartet, um später auf unangemessene Art und/oder durch passiv-aggressives Verhalten abgebaut zu werden.

Ein weiterer Fehler, den manche Eltern machen, was den Ausdruck von Wut betrifft, ist der unangenehme Gebrauch von Humor. Wo immer eine Situation gespannt wird, insbesondere wenn jemand wütend wird, pflegen Eltern Humor ins Spiel zu bringen, um die Spannung zu lösen. Natürlich ist Humor eine wundervolle Bereicherung für jede Familie. Aber wo er ständig benutzt wird, um der angemessenen Verarbeitung von Wut zu entgehen, können Jugendliche einfach nicht lernen, wie man richtig damit umgeht.

Ich besuchte kürzlich eine Familie, wo der Vater ungewöhnlich humorvoll und witzig war. Wann immer seine Frau oder eines seiner heranwachsenden Kinder anfing, ein unangenehmes Gefühl auszudrücken, pflegte er mit irgendeiner witzigen Bemerkung zu kommen, über die man lachen musste. Folglich konnte keines der Kinder in jener Familie mit Wut fertig werden. Immer wenn der Sohn Frustration erlebte oder vor einer Wut verursachenden Situation stand, bekam er starke Kopfschmerzen.

Die Tochter drückte ihren Ärger indirekt aus, indem sie freiwillig ihrer Mutter bei der Hausarbeit half, aber die jeweilige Arbeit so schlecht erledigte, dass sie ihrer Mutter mehr Arbeit verursachte, als wenn sie überhaupt nicht mitgeholfen hätte.

Passiv-aggressives Verhalten kann leicht zu einem festgefahrenen Verhaltensmuster werden, das ein Leben lang vorhält. Wenn ein Kind vermeidet, ehrlich und offen mit Wut in angemessener Weise umzugehen, kann es sein, dass es passiv-aggressive Techniken in jeder anderen Beziehung ebenfalls benutzt. Dies kann seine späteren Beziehungen zum Ehepartner, zu den Kindern, Arbeitskollegen und zu Freunden beeinträchtigen. Welch eine Tragödie! Die meisten dieser unglücklichen Leute sind sich ihrer selbstzerstörerischen Verhaltensmuster oder ihrer Probleme im Umgang mit Wut überhaupt nicht bewusst.

Übrigens kann man eine der häufigsten und gefährlichsten Arten passiver Aggressivität in den verschiedensten Fahrverhalten erkennen. Haben Sie schon bemerkt, wie manche Leute ihr Tempo beschleunigen, wenn Sie versuchen, sie zu überholen? Oder der Fahrer, der auf einer vierspurigen Autobahn links überholt und seine Geschwindigkeit so anpasst, dass Sie gezwungen sind, zu bremsen, um nicht in das Auto oder den Lastwagen vor Ihnen hineinzufahren? Dies sind eklatante Beispiele für passiv-aggressives Verhalten. Unnötig zu sagen, dass es schwierig ist, Sympathie für einen passiv-aggressiven Menschen zu empfinden.

Das erinnert mich an eine 39-jährige Frau namens Andrea. Sie war in einem christlichen Heim geboren und aufgewachsen. Leider glaubten ihre Eltern, dass man einem Kind nicht erlauben dürfe, Ärger auszudrücken. Daher hatte sie nie gelernt, wie man damit richtig umgeht oder ihn überwindet. Folglich wurde sie zu einem Menschen, dessen gesamtes Verhaltensmuster so geartet war, dass sie ihre Eltern kränkte. Ihr ganzes Leben war darauf angelegt, das genaue Gegenteil von dem zu tun, was ihre Eltern von ihr wollten. Ihre Verhaltensmuster waren unbewusst oder entzogen sich ihrem Verständnis. Daher hielt sie sich für einen wohlmeinenden Christen, der ernsthaft wünscht, ein ordentliches Leben zu führen. Trotzdem hatte sie eine Liebesaffäre nach der andern mit verheirateten Männern. Sie war wegen Unterschlagung und Betrug angeklagt.

Andrea ist sich selbst ein Rätsel. Vor der Therapie konnte sie nicht verstehen, warum ihre Art zu leben und ihre Verhaltensmuster völlig im Gegensatz zu ihren grundlegenden Einstellungen standen. Sie lebt ein unnützes Leben der Selbsterniedrigung und der Selbstzerstörung, da ihr wichtigster Lebenszweck darin besteht, so zu leben und zu handeln, dass sie sich genau im Gegensatz zu dem befindet, was ihre Eltern von ihr wünschen würden. Tragisch!

Passiv-aggressives Verhalten ist mit Abstand die

schlechteste Art, Ärger auszudrücken, und zwar aus mehreren Gründen:

- *Es kann leicht zu einem tief eingeprägten, zählebigen Verhaltensmuster werden, das man ein Leben lang beibehält.*
- *Es kann die Persönlichkeit eines Menschen verkrüppeln und ihn zu einem unausstehlichen Zeitgenossen machen.*
- *Es kann alle zukünftigen Beziehungen des Teenagers beeinträchtigen.*

Die Heilige Schrift lehrt uns, ein Kind darin zu unterweisen, welchen Weg es gehen soll. Wenn man ein Kind anleitet, Ärger zu unterdrücken und nicht damit umzugehen, wie es sich gehört, dann zeigt man ihm den Weg, den es nicht gehen sollte. Es ist entscheidend, ein Kind dazu zu erziehen, dass es richtig mit Ärger umgehen kann. Dies geschieht dadurch, dass man es lehrt, mit dem Ärger fertig zu werden, nicht ihn zu unterdrücken.

Die Leiter des Ärgers

Es gibt viele Möglichkeiten, Ärger auszudrücken: Je unreifer ein Mensch ist, umso unreifer wird die Art sein, in der er seinen Ärger verteilt. Je reifer er ist, umso reifer wird er seinem Ärger Ausdruck geben. Mit dem Ärger in geeigneter und reifer Weise fertig zu werden, ist eine der schwierigsten Lektionen, die man auf dem Wege zur Reife lernen muss, eine Lektion, die viele Erwachsene niemals lernen.

Kinder neigen dazu, ihren Ärger auf unreife Weise auszudrücken, bis sie gelernt haben, es anders zu tun. Man kann von einem Jugendlichen nicht erwarten, seinen Ärger automatisch auf die beste Art und Weise wie ein reifer Mensch auszudrücken. Aber genau das erwarten die Eltern, wenn sie ihren heranwachsenden Kindern einfach nur sagen, sie sollen nicht böse werden. Eltern müssen ihre heranwachsenden Kinder darin unterweisen, einen Schritt nach dem anderen beim Umgang mit dem Ärger zu lernen. Die Ärgerleiter soll die verschiedenen Schritte oder Ebenen im Ausdrücken von Ärger illustrieren und soll Eltern helfen einzusehen, dass ein Jugendlicher das Aufsteigen von einer Sprosse oder einer Ebene der Reife zur nächsten trainieren muss, damit er seinen Ärger immer angemessener auszudrücken lernt.

1. Wie schon erwähnt, ist passiv-aggressives Verhalten die schlechteste Art, Ärger auszudrücken.

2. Eine etwas bessere Methode, Ärger loszuwerden, besteht darin, völlig aus dem Häuschen zu geraten, so sehr, dass der Mensch, der außer sich gerät, tatsächlich Gegenstände zerstört oder gewalttätig gegen andere wird. So seltsam dies klingen mag, passiv-aggressives Verhalten ist schlimmer. Warum? Weil man Wutausbrüche leichter handhaben, korrigieren und verhindern kann als passiv-aggressives Verhalten.

3. Eine etwas bessere Art Ärger auszudrücken, ist ein Wutanfall, bei dem aber noch genügend Selbstbeherrschung bewahrt bleibt, um Zerstörung von Gegenständen und Gewalttätigkeit gegen Personen zu vermeiden. Der Ausbruch beschränkt sich auf Schreien, Brüllen und Fluchen, wobei jemand verbal

gekränkt werden kann, weil man ihn mit Schimpfworten belegt und anklagt. Der Ärger wird dem
entgegengeschleudert, auf den wir wirklich wütend
sind, aber auch jedem, der sich zufällig in der Nähe
befindet. So schlecht und unreif diese Methoden als
Ausdruck der Wut sind, so sind sie doch weitaus besser als passiv-aggressives Verhalten oder andere Verhaltensweisen beim Ausdrücken von Ärger.

4. Der nächstbessere Weg, mit Ärger fertig zu werden, besteht darin, ihn verbal in unkontrollierbaren
Äußerungen auszudrücken, ohne dass jedoch versucht
wird, jemand verbal zu kränken wie beim Beschimp-
fen oder Kritisieren. In dieser Situation richtet sich
der Ärger nicht nur gegen die Quelle des Ärgers, sondern gegen jeden, der zufällig in der Nähe ist. So
primitiv und schlecht diese Methode sein mag, sie
ist besser als alle bisher aufgeführten.

5. Eine etwas bessere Methode, mit Ärger fertig zu
werden, besteht darin, ihn unangenehm zu äußern,
evtl. durch Schreien und Brüllen, aber indem man
sich gleichzeitig auf Äußerungen im Zusammenhang
mit dem ärgerlichen Vorfall beschränkt, und wenn
möglich auf die Person, die den Ärger verursacht hat.
Natürlich hängt es von der besonderen Situation ab,
ob das Ausdrücken des Ärgers gegenüber der Person,
die den Jugendlichen geärgert hat, angemessen ist oder
nicht.

6. Am besten ist es, seinen Ärger so angenehm und
vernünftig wie möglich zu äußern, und zwar dem
Menschen gegenüber, auf den man ärgerlich ist. Man
hofft, dass der Mensch, dem der Ärger mitgeteilt
wurde, in ebenso reifer Weise reagiert, versuchen wird,

die Situation des anderen zu verstehen, und dass die beiden das Problem lösen können. Die Lösung des Problems besteht für beide Parteien darin, die Angelegenheit vernünftig und logisch zu untersuchen, sie zu prüfen, zu besprechen und beide Standpunkte zu verstehen, um am Ende sich darüber einig zu werden, was man tun könnte. Dies erfordert eine ganze Menge Reife auf beiden Seiten. Nur wenige Menschen erreichen jemals diese Reife in ihrem Leben.

Ich habe festgestellt, dass es sehr schwer fällt, die verschiedenen Ebenen der Reife im Ausdruck des Ärgers zu beschreiben und zu verstehen. Um dies so weit wie möglich zu vereinfachen und Ihnen doch zu einem wirksamen Verständnis zu verhelfen, habe ich die Ärger-Leiter geschaffen.

Die Liste der 15 Verhaltensweisen bei Ärger sind auf einer Stufenleiter angeordnet. Sie werden bemerken, dass die meisten Ausdrucksformen des Ärgers primär negativ sind. Auf dieser Leiter sind nur die obersten zwei Sprossen völlig positiv zu bewerten.

1. *Angenehmes Verhalten*
2. *Lösung suchen*
3. *Ärger nur auf die Ursache ausrichten*
4. *Sich an die ursprüngliche Beschwerde halten*
5. *Logisches und konstruktives Denken*
6. *Unangenehmes und lautes Verhalten*
7. *Fluchen*
8. *Verlegen des Ärgers auf Ursachen, die nicht die ursprünglichen sind*
9. *Beschwerden vorbringen, die nichts mit der Sache zu tun haben*

10. *Mit Gegenständen um sich werfen*
11. *Gegenstände zerstören*
12. *Verbale Angriffe*
13. *Körperliche Angriffe*
14. *Emotional zerstörerisches Verhalten*
15. *Passiv-aggressives Verhalten*

Jede Sprosse der Leiter – angefangen mit der untersten 15. Sprosse – stellt eine fortschreitend bessere Art da, Ärger auszudrücken. Sie müssen Ihr Kind trainieren, dass es eine Sprosse nach der anderen nimmt. Wie tut man das?

Als Eltern sollten Sie gute Beispiele für den richtigen Ausdruck des Ärgers sein. Sie müssen auch damit rechnen, dass Ihr heranwachsendes Kind von Zeit zu Zeit ärgerlich wird. Anstatt ihm das Ärgerlichwerden zu verbieten oder bei seinem Ärger überzureagieren, müssen Sie ihm dahin entgegenkommen, wo er sich in seinem Ärger befindet, und ihn von dort aus trainieren. Zum Beispiel wird ein Jugendlicher mit seinem Ärger auf Sprosse 6 der Ärgerleiter fertig. Das heißt, er benimmt sich unangenehm, reagiert seinen Ärger an den ungeeigneten Personen ab (z.B. an seinem kleinen Bruder, an der Person, auf die er böse ist). Er hält sich jedoch an den ursprünglichen Grund seines Ärgers (d.h. nur an das, was ihn ärgert) und er ist logisch und konstruktiv (er versucht, die Dinge besser zu machen, nicht schlimmer).

Sie stellen dann fest, welche Verbesserung Sie sich für Ihr Kind wünschen. Bei diesem Beispiel möchten Sie, dass es lernt, seinen Ärger auf die geeignete

Person zu richten und nicht an seinem jüngeren Bruder auszulassen.

Um ihn zu trainieren, sollten Sie, kurz nachdem Sie sich beide etwas beruhigt haben, Zeit für ihn finden und eine angenehme Atmosphäre schaffen. In diesem besten der möglichen Augenblicke sollten Sie Ihr Kind in den Punkten loben und beglückwünschen, in denen es sich richtig verhalten hat. Bitten Sie dann Ihr Kind, sein Verhalten in dem Punkt zu ändern, wo Sie Änderung wünschen, in diesem Fall Auslassen seiner Wut an dem jüngeren Bruder.

Lassen Sie mich einen Punkt möglicher Verwirrung klären. Sie müssen Ihr Kind im verbalen Ausdruck von Ärger trainieren, damit es besser damit umgehen lernt. Ich will keine Nachlässigkeit in der Erziehung ermutigen. Sie müssen strikt bleiben und Ihrem heranwachsenden Kind nicht erlauben, sich unangemessen zu verhalten. Es müssen feste und dauernde Grenzen für das Benehmen gesetzt werden. Diese Unterscheidung zwischen verbalem und verhaltensmäßigem Ausdruck von Ärger ist kritisch.

David

Wie die meisten Menschen habe ich meine Augenblicke, in denen Ärger ein Problem für mich ist, Ärger in mir und Ärger bei meinen Kindern. Hier aber ein Beispiel, bei dem ich mich, so glaube ich, richtig verhalten habe. Und was am besten ist, ich erhielt einen ungemein tiefen Einblick in den ganzen Bereich der Wut eines Kindes. Mein 13-jähriger Sohn David war eines Tages mit Hausaufgaben überlastet.

Er kam an dem Nachmittag etwa um 15.30 Uhr nach Hause, und die 10 Minuten für das Abendessen abgezogen, saß er um 23.30 Uhr noch immer über seinen Mathematikarbeiten. Er hatte auch ein Referat für die nächsten Tage vorzubereiten. Um 23.30 Uhr sagte ich: „David, es ist mir gleich, wie viel Hausaufgaben du noch zu machen hast, ich möchte, dass du jetzt ins Bett gehst."

Er antwortete: „Bitte, lass mich noch fünf Minuten, Papa, ich bin fast fertig."

Ich sagte: „O.k., noch fünf Minuten, mehr nicht". Dann ging ich mit meiner Frau ins Schlafzimmer. Nach ein paar Minuten kam David ins Zimmer, mit einem Buch in der Hand. Er ging zu seiner Mutter und sagte: „Mutti, ich glaube, ich nehme dieses Buch für mein Referat."

Seine Mutter sah auf das Buch und antwortete: „Nein, David, du kannst dieses Buch nicht nehmen, denn es ist das gleiche, das du im letzten Jahr besprochen hast." David sagte: „Ich weiß, aber ich kann ein anderes Thema daraus wählen und brauche kein anderes Buch zu lesen." „Es tut mir Leid", antwortete seine Mutter, „das wäre nicht recht, denn du sollst ja über ein anderes Buch berichten". David wurde wütend und antwortete seiner Mutter mit lauter und ärgerlicher Stimme: „O.k., ich werde es lesen. Such' mir ein Buch aus und ich werde es lesen. O.k., ich werde ein anderes Buch lesen!"

Meine erste Reaktion war typisch für die, die man einem Kind gegenüber hat, das seinem Ärger verbal Luft macht und das auf unangenehme, laute Weise – ich spürte, wie Ärger in mir hochstieg. Mein erster

Gedanke war: Wie kann er es wagen, so zu seiner Mutter zu sprechen? Ich werde ihm zeigen, dass er damit nicht durchkommt!

Aber leider erinnerte ich mich an ein kürzliches Ereignis. Vor drei Tagen war ich so wütend mit einem Mann geworden (und noch dazu in der Kirche!), dass ich ihn Lügner nannte. Wer kam besser mit seiner Wut zurecht, David oder ich? Dann erkannte ich, dass David seinen Ärger besser bewältigt hatte als ich, und dass er sich auf Sprosse 3 auf der Ärgerleiter befand, ich aber nahe Sprosse 5. Er richtete seinen Ärger auf dessen Quelle – seine Mutter. Er ließ ihn nicht an seinem kleinen Bruder aus, trat nicht nach seinem Hund, zerstörte keine Gegenstände, versuchte seine Mutter nicht mit Schimpfworten oder Kritik zu kränken oder passiv-aggressives Verhalten anzuwenden. Er brachte nicht unangenehme Themen oder frühere Kränkungen auf. Er wiederholte einfach nur, dass er ein anderes Buch lesen würde.

Das Einzige, was David falsch gemacht hatte, war, dass er laut mit seiner Mutter gesprochen hatte. Nicht viele Menschen, reife Erwachsene eingeschlossen, könnten das noch besser machen.

Was wäre nun geschehen, wenn ich David nachgegangen und ihn bestraft hätte? Ich werde es Ihnen sagen. Da er auf Sprosse 3 der Ärgerleiter war, wäre er das nächste Mal, wenn er wütend geworden wäre, gezwungen gewesen, seinen Ärger auf unreifere Art und Weise auf einer niederen Stufe der Ärgerleiter auszudrücken. Er hätte vermutlich so etwas getan, wie es an seinem jüngeren Bruder oder am Hund auszulassen. Er hätte mit Sachen um sich geworfen oder unvernünftige Bemerkungen gemacht, die nichts mit dem Thema selbst zu tun gehabt hätten. Mit anderen Worten, wenn ich aus Wut in dem Augenblick auf David losgegangen wäre, hätte ich meinen Sohn gezwungen, seinen Ärger das nächste Mal auf unreifere Art zu äußern. Dies wäre gewiss kein Training für ihn gewesen.

Was also sollte ich tun? Das Beste, was ich in dem Augenblick selbst tun konnte, war, nicht zu reagieren. Nicht reagieren heißt aber nicht, zustimmen. Der Ausdruck auf meinem Gesicht und dem Gesicht seiner Mutter zeigte ihm deutlich, dass wir nicht mit dem einverstanden waren, was er tat. Indem wir nicht reagierten, sagten wir David: „Wir mögen das nicht, was du da tust, aber wenn du es für richtig hältst, mach' nur weiter damit, es ist nicht so schlimm, dass wir es stoppen müssten, aber es gefällt uns nicht."

Nachdem wir uns alle beruhigt hatten, ging David zu Bett. Während unseres üblichen Einschlaf-Rituals (dies ist ein gutes Beispiel dafür, dass es sich lohnt, Einschlaf-Rituale zu haben) und nachdem wir zusammen gebetet hatten, sagte ich zu David: „Ich war sehr stolz auf dich, wie du heute Abend mit deinem Ärger fertig geworden bist. Du hast ihn nicht an deinem Bruder oder am Hund ausgelassen, du hast nichts geworfen, hast nicht losgeschimpft und nichts Falsches gesagt. Du hast direkt zu deiner Mutter gesprochen, ohne zu versuchen, sie mit Schimpfwörtern oder Kritik zu beleidigen. Du hast einfach nur gesagt, du würdest ein anderes Buch lesen. Das ist großartig. Das Einzige, was du falsch gemacht hast, war, deine Mutter anzuschreien." Die Wirkung war großartig. David fühlte sich erleichtert, dass ich nicht böse auf ihn war, aber er hatte auch ein schlechtes Gewissen, weil er seine Mutter angeschrien hatte. Am nächsten Tag entschuldigte er sich bei ihr.

Trainieren Sie Ihr heranwachsendes Kind

Wenn Ihr heranwachsendes Kind seinen Ärger direkt ausdrückt, seien Sie froh. Je mehr der Teenager seinen Ärger in Worten ausdrückt, umso besser. Dann stellen Sie fest, auf welcher Sprosse der Ärgerleiter sich Ihr Kind befindet. Stellen Sie fest, auf welche Weise es seinen Ärger angemessen ausdrückt und wo es sich unangemessen benimmt.

Sie müssen Ihr Kind darin trainieren, wie es sich verhalten sollte. Loben Sie es erst einmal für die angemessenen Weisen, seine Wut auszudrücken. Dann können Sie mit ihm über eine der unangemessenen Methoden sprechen, die es anwendet (wie z.B. Schimpfworte gebrauchen) und ihm sagen, es solle dies korrigieren. Gehen Sie stets nur einen Schritt auf einmal. Natürlich muss dies geschehen, wenn Ihr Verhältnis so angenehm wie möglich ist, und nicht gerade dann, wenn Sie mit Ihrem Kind böse sind und nicht, während es noch sehr wütend ist. Sie müssen den bestmöglichen Augenblick wählen; dann sprechen Sie mit Ihrem Kind darüber, wie man Punkt für Punkt korrigieren könnte. Sie trainieren somit Ihr Kind, allmählich die Leiter hochzusteigen, Sprosse für Sprosse.

Die meisten Eltern erwarten, dass ihre Kinder in reifer Weise mit dem Ärger fertig werden, auf der höchsten Sprosse, aber ohne Training.

Dies ist genauso, als wenn Sie zu einem Tennis-schüler vor seiner ersten Lektion sagen würden: „Ich glaube, Sie sind jetzt so ziemlich für Wimbledon bereit."

Ein solches Training ist mit einem langen schweren Kampf verbunden. Aber er zahlt sich aus. Ja, es ist gewiss leichter, auf die Wut eines Kindes heftig zu reagieren und es so zu zwingen, sie zu unterdrücken. Das mag eine Weile funktionieren, besonders bei jungen Kindern. Aber das Ergebnis ist passiv-aggressives Verhalten.

In manchen Fällen ist es möglich, den Ärger loszu-werden, zum Beispiel, wenn die Person, die ihn ver-ursacht hat, unerreichbar ist. Bei solchen Anlässen muss der Jugendliche lernen, seinem Ärger auf ande-re, angemessene Art Luft zu machen, wie z.B. durch körperliche Bewegung, Aussprache mit einer reifen Person, durch Ablenkung, wie z.B. eine vergnügliche Betätigung oder Entspannung für sich allein.

Eine weitere Möglichkeit, einen Jugendlichen so zu trainieren, dass er seinen Ärger bewältigen kann, besteht darin, ihn die Kunst zu lehren, wie er be-wusst bestimmte Arten des Ärgers vermeiden kann. Dies bedeutet, dass man aktive intellektuelle Argu-mente einsetzt, um den Ärger zu reduzieren. Zum Beispiel habe ich im letzten Jahr eine wunderbare Veränderung in der Fähigkeit meines 13-jährigen Sohnes beobachten können, seinen Ärger zu steuern. Anstatt rein emotional zu reagieren, hat er gelernt, ihn mehr gedanklich zu bewältigen.

Die meisten Erwachsenen äußern ihre große Wut auf unangemessene Weise. Sie verlieren die Kontrolle über sich und lassen ihre Wut an der falschen Person aus. Vielleicht kränken sie die Menschen, auf die sie hinter deren Rücken böse sind, indem sie passiv-aggressives Verhalten auf indirekte und unreife Art anwenden. Warum? Weil sie keiner darin trainiert hat, besser mit ihrer Wut umzugehen. Wer hat es versäumt, sie zu trainieren? Ihre Eltern.

Man sieht diese unreifen Methoden, mit Ärger fertig zu werden, tagtäglich. Sie sehen, wie eine Ehefrau und ein Ehemann sich anschreien, anbrüllen und verfluchen. Man kann beobachten, dass der Mann oder die Frau fremdgeht, um sich an dem anderen zu rächen. Man beobachtet Angestellte, die schlechte Arbeit leisten, um den Interessen ihres Arbeitgebers zu schaden. Man erlebt einen Schuldirektor, der einen Lehrer beschuldigt.

Man sieht, wie besondere Interessengruppen versuchen, anderen materiell zu schaden. Unreife Arten der Bewältigung von Wut sind überall zu beobachten. Dies ist eines der größten Probleme heutzutage in der Geschäftswelt und führt zu schlechten Einstellungen sowohl bei Arbeitgebern als auch bei Arbeitnehmern. Sechzig bis achtzig Prozent der Probleme in einer Firma sind personalbezogen, weil so wenige Menschen gelernt haben, mit ihrer Wut umzugehen. Die meisten sind sehr gut darin, sie nach außen vor anderen zu verstecken, wenn sie von Angesicht zu Angesicht mit ihnen zu tun haben; aber später kommt es heraus, und dann auf unangenehme Art.

Eines der wichtigsten Dinge, die wir in Bezug auf Ärger verstehen müssen, sei es im Umgang mit Angestellten, Gewerkschaften, Regierung oder Jugendlichen, ist die Tatsache, dass es ihn gibt und dass er unweigerlich auftritt. Er kann jeder menschlichen Handlung entspringen. Die nächste wichtige Tatsache ist, dass er dazu neigt, sich aufzubauen und immer schwerer kontrollierbar wird, sogar explosiv, wenn man ihn nicht verarbeitet. Und je schwieriger es wird, ihn zu kontrollieren, umso destruktiver wird der Ärger. Deshalb müssen wir Mittel und Wege finden, ihn entweder „im Keim zu ersticken", wenn der Ärger auf einem Missverständnis beruht, oder dafür zu sorgen, dass dem Ärger langsam Luft gemacht wird und er sich dann auflöst, wenn er berechtigt war. Diese Kontrolle kommt zu keinem von selbst. Die Reife, dass man Ärger angemessen verarbeiten kann, muss gelernt werden, mit viel Zeit und Übung.

8. Von der Beherrschung durch die Eltern zur Selbstbeherrschung

Wenn das Kind sich dem Teenageralter nähert, müssen Disziplin und Erziehung allmählich abgebaut werden. An die Stelle der Beherrschung durch die Eltern muss das Vertrauen zu den Eltern treten, eine Basis, auf der Privilegien und Freiheiten von Vertrauenswürdigkeit abhängen. Wenn ein Kind jung ist und wenig Urteilskraft besitzt, wie es handeln soll, übernehmen die Eltern fast die ganze Verantwortung dafür zu bestimmen, wie es sich verhalten sollte. Wenn das Kind in das Vor-Erwachsenenalter kommt und den Drang nach Unabhängigkeit erlebt, wird es versuchen, mehr und mehr Kontrolle auszuüben und Entscheidungen zu treffen, die sein eigenes Verhalten betreffen. Die Eltern sollten darauf hinarbeiten, diesen Übergang so reibungslos und schmerzlos zu machen wie möglich.

Um dies zu erreichen, müssen Sie erst einmal die Tatsache akzeptieren, dass dieser Drang nach Unabhängigkeit normal ist. Am Ende sollte Ihr Kind ganz unabhängig von Ihnen werden, ob Sie das nun mögen oder nicht. Was Sie zu tun in der Lage sein sollten, wäre, das Maß des Zuwachses an Unabhängigkeit zu steuern und es an seinem Grad der Reife zu eichen. Der beste Indikator, den Sie dabei haben, ist der Grad, in dem Sie Ihrem Kind und seiner Fähigkeit vertrauen können, sein Verhalten selbst zu steuern.

Ihr heranwachsendes Kind wird wahrscheinlich Ihre Grenzen der Beherrschung ebenso wie Ihre Liebe zu ihm testen wollen. Es ist also Ihre große Aufgabe, zu bestimmen, wo Sie Ihre Grenzen setzen. Sollten Sie die Grenzen in einem fairen, breiten und vernünftigen Rahmen abstecken? Oder sollten Sie eher streng sein?

Es ist wichtig daran zu denken, dass der normale Jugendliche Ihre Grenzen oder Regeln testet – und manchmal sogar brechen wird, ganz gleich, wo Sie sie angesetzt haben. Wenn Sie die Regeln extrem restriktiv festsetzen, so wird Ihr heranwachsendes Kind sie immer testen und sie gewöhnlich brechen. Wenn Sie sie breit anlegen, so wird Ihr Kind irgendeinen Weg finden, sie in Frage zu stellen oder zu brechen. Die Vernunft sagt einem also, dass man, da es in der Natur der meisten Jugendlichen liegt, Regeln in Frage zu stellen und/oder zu brechen, gleichgültig wie streng oder breit sie angelegt sind, am vernünftigsten handelt, wenn man die Regeln anfänglich ganz streng und restriktiv festlegt. Dann, wenn das Kind reifer wird und beweist, dass man ihm vertrauen kann, dass es sich ordentlich benimmt, kann man ihm allmählich größere Rechte einräumen und die elterliche Gewalt immer mehr reduzieren. Mit anderen Worten, seine Privilegien sind bedingt durch den Beweis seiner Vertrauenswürdigkeit. Je vertrauenswürdiger sich Ihr heranwachsendes Kind erweist, umso mehr vertrauen Sie ihm. Sowie es das angemessene Verhalten zeigt, steigern Sie seine Privilegien. Um dies jedoch tun zu können, muss die Ausgangsbasis restriktiv sein.

Diese Methode hat eine Menge Vorteile. Erstens ist es klug, in einer Position zu sein, von der aus man mehr Privilegien einräumen kann anstatt weniger. Ihr Verhältnis zu Ihrem heranwachsenden Kind ist besser, wenn Sie in der Lage sind, positiv zu wirken; sie ist weniger angenehm, wenn Sie negativ sein müssen. Wenn Ihr Kind gerade in das Teenageralter eintritt, insbesondere was sein gesellschaftliches Leben betrifft, dann können Sie, wenn Sie bisher etwas zu streng waren, damit ohne weiteres beginnen, positiv zu wirken und Privilegien einzuräumen – Sie können der „gute Kumpel" werden. Wenn Sie aber zu früh damit beginnen, „großzügig, vernünftig und verständnisvoll" zu sein und Sie ihrem heranwachsenden Kind zu viele Privilegien einräumen und zu wenige Beschränkungen auferlegen, dann bleibt Ihnen nur noch, immer strenger und der „böse Alte" zu werden. Außerdem, wenn Ihre Grenzen zu weit und zu lässig sind und wenn Ihr Kind sie dann überschreitet, so kann es viel eher Schaden oder Schande über sich und die Familie bringen.

Ich kann nicht zu oft betonen, wie wichtig es ist, Regeln aufzustellen, die es Ihnen gestatten, so positiv wie möglich zu wirken. Fangen Sie mit großer Strenge an, damit Sie immer mehr und mehr Privilegien gewähren können. Wenn Sie gleich am Anfang alle Privilegien weggeben, dann bleibt Ihnen nichts mehr übrig an Handlungsspielraum. Sie haben dann keine Möglichkeit mehr, Ihr Kind dafür zu belohnen, dass es mehr Verantwortung übernimmt. Und was noch schlimmer ist, Sie haben keine Möglichkeit, es darin zu trainieren, vertrauenswürdig zu sein und den Wert der Verantwortlichkeit kennen zu lernen.

Ihr Ziel beim Übergang von Strenge auf Privilegien muss sein, dass Ihr heranwachsendes Kind, bis es 18 Jahre alt geworden ist, ein verantwortungsbewusster, vertrauenswürdiger, unabhängiger Erwachsener geworden ist.

Das ist nicht leicht, denn es gehört Mut und Festigkeit dazu, die Privilegien Ihres Teenagers strikt von seiner Fähigkeit abhängig zu machen, sein eigenes Verhalten zu kontrollieren. Es bedarf der Stärke, festzubleiben und sich unverdiente Zugeständnisse abringen zu lassen, nicht nur was Ihren Teenager betrifft, sondern auch im Hinblick auf andere Jugendliche, andere Eltern und sogar auf die Gesellschaft.

Aber lassen Sie mich auf eine entscheidende Tatsache hinweisen: Alle Teenager erkennen irgendwie in ihrem Bewusstsein, dass sie der Führung und Kontrolle ihrer Eltern bedürfen. Sie wünschen sie. Ich habe so viele Teenager sagen hören, ihre Eltern liebten sie nicht, weil sie nicht streng oder fest genug seien. Und so viele Jugendliche drücken ihren Eltern ihre Dankbarkeit und Liebe aus, die ihre Fürsorge und ihr Interesse durch Führung und Kontrolle bewiesen haben.

Die Konsequenzen erleben

Wir müssen einen weiteren Faktor berücksichtigen. Um ein normales Gewissen zu entwickeln und sich als Erwachsener verantwortungsbewusst zu benehmen, muss ein Jugendlicher lernen die Konsequenzen seines Verhaltens zu erfahren. Das können sowohl positive Konsequenzen bei angemessenem, verantwortungsbewusstem Verhalten sein, als auch negative Konsequenzen bei unangemessenem, unverantwortlichem Verhalten. Diese Konsequenzen müssen gleich bleibend und fair sein und müssen die Folge von Verhalten sein, nicht von dem, wie die Eltern sich in dem Augenblick fühlen. Jetzt sind wir wieder an dem Punkt angelangt, wo uns die Bedeutung elterlicher Selbstbeherrschung klar wird und deren Fähigkeit, Entscheidungen zu treffen, die auf klarem, logischem Denken basieren und nicht auf impulsiven Gefühlen.

Wie erreicht man das? Wir wollen eines der schwierigsten Themen als Beispiel betrachten – „mit einem Jungen (oder Mädchen) gehen". Als unsere Tochter Carey 12 war, wollte sie anfangen, mit einem Jungen zu gehen. Sie meinte mit „gehen", dass sie einen einzelnen Jungen regelmäßig allein treffen wollte. Meine Frau und ich fanden, dass Carey noch zu jung dafür sei. Ich glaube, eine Vorschrift oder Entscheidung verdient immer eine Begründung. Ein Jugendlicher muss wissen „warum". Und Eltern müssen darauf achten, dass die Begründung auch wirklich praktisch ist und nicht einfach nur moralisch. Natürlich können moralische Gründe hinter der Regel stehen, aber es muss auch einen praktischen Grund geben. Jugendliche sind am Anfang der Pubertät stets bereit, die Anweisungen und Wertvorstellungen ihrer Eltern in Frage zu stellen. Und in dieser Zeit verstehen die Kinder viel besser die praktischen Vorschriften als die moralischen. Ein Grund, warum so viele Teenager sich gegen geistige Werte wenden, besteht darin, dass man ihnen zu viele moralische Gründe für Vorschriften und/oder Einschränkungen gegeben hat. Im Verlaufe dieser rebellischen, trotzigen und möglicherweise feindseligen Phasen tun Eltern klug daran, praktische Gründe für ihre Entscheidungen anzugeben. Ist einmal ein Grund angegeben, müssen Sie diesen jedoch keineswegs immer wie ein Gesetz der Meder und Perser verteidigen. Mit Ihrem heranwachsenden Kind über die Angemessenheit und Legitimität des Grundes zu argumentieren, lohnt sich selten. Solange die Antwort vernünftig ist, genügt es im Allgemeinen, sie einfach zu geben. Die Bereitschaft, darüber zu diskutieren, führt meistens zu weiterer Meinungsverschiedenheit und weiterem Ärger.

Wir wollen zurückkehren zu unserer Situation, als Carey im Alter von 12 Jahren mit einem Jungen gehen wollte. Wir sagten ihr, sie solle erst anfangen mit Jungen zu gehen, wenn sie dafür bereit wäre – was nach unserer Schätzung in etwa 4 Jahren sein würde. Wir ließen eine Menge Spielraum. Sie erinnern sich, es ist viel besser, wenn man weniger streng werden kann, als wenn man gezwungen ist, strenger zu werden.

Carey fragte: „Warum nicht?" Wir erklärten ihr, dass es auf dieser Welt außerordentlich wichtig sei, sich gut in eine Gruppe einfügen zu können, und dass die Zeit, in der man beginnt, sich in der Gruppe wohl zu fühlen, die Zeit der frühen Pubertät sei. Es gibt eine Menge Erwachsener, die nie gelernt hatten, sich in der Gruppe wohl zu fühlen, als sie zwischen

12 und 14 waren, und die sich daher später zu „sozialen Krüppeln" entwickelt hatten. Und dann rief ich dramatisch aus: „Und ich will nicht, dass meine Tochter ein sozialer Krüppel wird!" Wir sagten ihr, dass wir, wenn sie gelernt hätte, sich gut in eine Gruppe einzuordnen, darüber sprechen könnten, ihr weitere Privilegien im Umgang mit anderen Gleichaltrigen einzuräumen.

Dies hielt etwa ein Jahr an. Dann kam sie zu uns und erklärte, sie habe jetzt gelernt, sich in Gruppen zu bewegen.

Wir sagten, sie habe tatsächlich gute Fortschritte gemacht, aber dass die Fähigkeit, in einer Gruppe gut zurechtzukommen, nicht auf das gute Auskommen mit allen beschränkt sei, sondern dass man in der Gruppe selbst auch einen positiven, konstruktiven Beitrag leisten müsse. Man dürfe sich nicht nur von der Gruppe beeinflussen lassen, sondern müsse auch einen Einfluss auf die Gruppe haben. Wir wiesen sie darauf hin, dass sie ausgezeichnete Fortschritte machte, aber dass sie noch immer kein Führer sei – dass die anderen Kinder mehr Einfluss auf sie ausübten als sie auf die Gruppe. Ich bin froh sagen zu können, dass Carey ihre Fähigkeiten, Führerschaft in der Gruppe zu übernehmen, ausbaute und lernte, einen warmen, gesunden, sanften aber starken Einfluss auszuüben, nicht nur in ihrem Jugendkreis, sondern auch in der Schule und anderen Organisationen.

Wie Sie Ihren Teenager schützen können

Die Eltern von Teenagern müssen gute Beziehungen zu den Eltern anderer Teenager pflegen, sich möglichst mit dem Vornamen anreden, wenn sie wollen, und insbesondere mit den Eltern derjenigen Teenager, die ihrem Kind am nächsten stehen. Es ist ein unbezahlbarer Vorteil, wenn man Informationen und Sorgen mit anderen Eltern austauschen und mit ihnen zusammenarbeiten kann, um den jungen Leuten Führung und Anleitung zu geben.

Ich kann mich an viele Gelegenheiten erinnern, bei denen Carey zu einer gesellschaftlichen Veranstaltung eingeladen war, von der wir nichts wussten. Wie dankbar waren wir dann, wenn wir verschiedene Eltern anrufen konnten, die ebenso besorgt waren und bereit zu prüfen, ob die Party für unsere Kinder geeignet war.

Wie können Eltern wissen, ob eine bestimmte Veranstaltung geeignet ist oder nicht? Eltern dürfen nicht ängstlich sein, ans Telefon zu gehen und Fragen zu stellen, gleich wer der Veranstalter ist.

Ich bedaure sagen zu müssen, dass viele Eltern heute unmoralische und zerstörerische Einflüsse auf unsere Jugend nicht nur stillschweigend dulden, sondern auch aktiv unterstützen.

Sie sollten keine Angst haben, Eltern oder den erwachsenen Veranstalter anzurufen und sich über die geplanten Aktivitäten zu erkundigen. Wie wollen Sie sonst Ihr heranwachsendes Kind kontrollieren und schützen? Und wenn Sie anrufen, achten Sie sorgfältig auf die Einstellung oder den Ton, mit dem diese Person Ihnen etwas erzählt, da man daraus oft mehr erkennen kann als aus den eigentlichen Worten.

Wenn z.B. die Eltern oder irgendein anderer erwachsener Veranstalter tatsächlich erfreut und sogar dankbar sind, dass Sie anrufen, dann ist das ein gutes Zeichen. Es ist wunderbar zu hören, wenn jemand sagt, wie dankbar er ist, dass Eltern sich genügend um ihre Kinder kümmern, um herauszufinden, was los ist. Wenn ich so etwas höre, dann danke ich Gott, dass es noch anständige, liebende und führende Eltern auf dieser Welt gibt.

Leider können Sie aber auch mit einer anderen Reaktion rechnen. Ich erinnere mich, dass ich einmal eine Mutter anrief, die eine Party geben wollte, zu der Carey eingeladen war, als sie 15 war. Diese Mutter reagierte auf meine Anfrage feindselig. Sie sagte: „Es handelt sich um eine private Party. Ihre Tochter ist eingeladen und kann kommen oder nicht. Es bleibt ihr überlassen, aber was ich in meinem eigenen Haus tue, ist meine Sache!" Allein aus dieser Antwort wusste ich, dass dieses Haus kein Platz für irgendeinen Teenager ist.

Aber ich bestand darauf, von ihr Einzelheiten zu erfahren. Ich sagte: „Ja, natürlich, aber ich mache mir Sorgen um meine Tochter und ich wäre Ihnen wirklich sehr dankbar, wenn Sie mir ein paar Einzelheiten angeben könnten, wie die Zusammenkunft ablaufen soll." Jetzt war die Mutter wütend, aber mit Ausdauer gelang es mir herauszufinden, dass den Teenagern Wein und scharfe Cocktails serviert werden sollten, und zwar in einer erotisch anregenden Atmosphäre.

Dies ist heutzutage gang und gäbe. Man kann sich da nicht ruhig in seinen Sessel setzen und annehmen, dass die Jugendlichen sich in einer Atmosphäre gesunder Einflüsse befinden, nur weil die Aktivitäten vielleicht „unter Aufsicht" stattfinden. Man muss sich mit anderen Eltern zusammentun, um zu gewährleisten, dass die Unternehmungen wirklich nicht schädlich sind, und wir müssen uns gegenseitig auf dem Laufenden halten, was mit unseren Kindern geschieht. Das tut niemand anderes für uns. Es gibt heute so viele Einflüsse, denen man seine Teenager nicht aussetzen darf.

Angemessenheit und Vertrauen

Sie müssen an zwei Dinge denken, wenn Sie Ihren Teenager leiten und erziehen wollen. Erstens, gewähren Sie Rechte, die auf einem Vertrauensverhältnis beruhen. Zweitens, versuchen Sie sich zu vergewissern, ob Ihr Kind auch mit der besonderen Situation fertig werden kann, ehe Sie ihm erlauben hinzugehen.

Dies mögen widersprüchliche Aussagen sein, aber sie sind es nicht. Zu viele Eltern werden hier verwirrt. Sie mögen zwar das Vertrauensverhältnis nutzen, um die Erlaubnis zu erteilen, aber sie versäumen, sich nach den Umständen und nach der Eignung der Veranstaltung zu erkundigen. Dass Sie sich nach den näheren Umständen erkundigen, bedeutet nicht, dass Sie Ihrem Teenager nicht trauen. Auch wenn ein Teenager vertrauenswürdig und gutwillig ist und die besten Absichten hat, gibt es doch Situationen, mit denen er nicht fertig wird, weil er die nötige Reife nicht hat. In diesen Fällen müssen Sie Ihren Teenager selbst schützen.

Ein gutes Beispiel hierfür ist die Party, zu der Carey eingeladen war. Carey war ganz vertrauenswürdig – sie hatte die ehrliche Absicht, sich richtig zu benehmen. Aber sie war zu der Zeit noch zu jung und unreif, um mit einer so schwierigen Situation fertig zu werden.

Als ich Carey sagte, sie könne nicht zu der Veranstaltung gehen, war ihre natürliche Reaktion: „Warum nicht?" Sie wies vorsichtig darauf hin, dass ihr Benehmen bisher vorbildlich gewesen sei, dass sie wisse, wie man sich zu benehmen habe, und dass ich ihr vertrauen könne. Meine Antwort lautete, dass sie absolut Recht habe, dass ich wirklich stolz auf sie sei und wisse, dass man ihr vertrauen könne. Ich hätte jedoch das Gefühl, dass sie mit einer solchen belastenden und schwierigen Situation wie in diesem besonderen Falle noch nicht fertig werden könne. Ich wies darauf hin, dass, obwohl auch mein Benehmen vorbildlich gewesen sei und man mir vertrauen konnte, ich nur ein Mensch sei, der auch in Versuchung geraten könne. Ich konnte fast mit jeder gesellschaftlichen Situation fertig werden, und als Beweis führte ich ein Beispiel aus meiner Marinezeit an. Damals musste ich meine Abteilung Seeleute in ihrer freien Zeit überwachen, wenn sie auf ihren „Landgängen" Striptease- und Oben-Ohne-Bars besuchten. Aber selbst da hatte ich noch äußere Zwänge, die mich hielten, wie z.B. meine Marineoffizier-Uniform und dass ich für das Wohlergehen meiner Leute verantwortlich war.

Trotz dieser schwierigen Charakter-Prüfungen, die ich hinter mir hatte, kann man mich so in Versuchung führen, dass meine Widerstandskraft bricht, wenn ich mein Leben nicht vorsichtig steuere. Warum sollte ich also das Risiko eingehen, meinen Ruf, Charakter, meine Ehe, das Wohlergehen meiner Kinder und mein Leben zu ruinieren? Ich erklärte Carey, dass dies einer der Gründe sei, warum ich nicht in Bars und Diskos gehe. Ich habe Vertrauen zu mir, aber ich habe keine absoluten Garantien, dass ich mit jeder Versuchung fertig werde. Ich erzählte ihr von einem bekannten Geistlichen, der sich berufen fühlte, in Bars zu predigen. Ich war später nicht überrascht zu erfahren, dass er seinen Lebensstil gewandelt, sein geistliches Amt zu Schanden gebracht und seine Ehe ruiniert hatte.

Ich konnte Carey sagen, dass ich ihr wirklich und wahrhaftig vertraute, weil sie sich bisher so gut benommen habe, aber dass es Situationen gäbe, zu deren Bewältigung sie jetzt noch nicht bereit sei – und einige andere, die jeder vernünftige Mensch vermeiden sollte.

Verzögern

Nehmen wir einmal an, Sie räumen Ihren Teenagern aufgrund Ihres Vertrauensverhältnisses zu ihnen bestimmte Rechte ein, und auch weil die Situation Ihnen angemessen erscheint. Die Kriterien werden ihnen erläutert, so dass sie wissen, warum Sie Ihre Entscheidung treffen, und dass diese nicht einfach willkürlich sind. Und doch ist dies nicht die ganze Wahrheit. Denn oft werden diese Art Entscheidungen schwierig zu treffen sein.

Ich erinnere mich, wie Carey einmal, als sie 15 Jahre alt war, eingeladen wurde, den Tag auf einem großen Boot zu verbringen. Tagsüber wollte man schwimmen und abends sollte eine große Party an Bord stattfinden. Wir, meine Frau und ich, hatten einige Bedenken wegen der Party. Die Aktivitäten am Tage schienen gewiss in Ordnung. Wir wussten, dass die Eltern, die die Party überwachten, vernünftige Leute waren.

An dieser Stelle möchte ich einen guten Rat einfügen: Sollten Sie jemals in eine Situation kommen, in der Sie sich wegen eines bevorstehenden Ereignisses, zu dem Ihr Teenager gehen möchte, nicht wohl fühlen, obwohl Sie nicht genau sagen können, warum, dann ist es das Beste, wenn Sie die Sache hinauszögern.

Ich sage gewöhnlich so was wie: „Au, das ist aber toll, Schatz; lass mich darüber nachdenken." Im Leben der Teenager ändern sich Ereignisse und Situationen so schnell, dass sich diese Art Problem zumeist von selbst erledigt. Ich kann mich nur an ein oder zwei Gelegenheiten erinnern, bei denen sich das Problem nicht irgendwie selbst erledigte. Ein weiterer Vorteil des Verzögerns besteht darin, dass Ihr Teenager Zeit hat, es sich selbst zu überlegen und zu einer vernünftigen Lösung zu kommen. Bei dem Beispiel, als Carey zu der Tages- und Abendparty an Bord des Bootes eingeladen war, sagte ich: „Lass mich überlegen." Und Carey sagte: „Okay, aber beeil dich, ich muss bis Donnerstag Bescheid wissen."

Zu meinem großen Kummer hatte sich die Lage nicht selbst gelöst. Das fragliche Ereignis sollte noch immer stattfinden, die Wetteraussichten waren ausgezeichnet, und es war bereits Donnerstagabend. Carey sagte mit ärgerlicher Stimme: „Was ist denn nun die Antwort, Vati? Greg muss es heute Abend wissen."

Ich hatte ein schreckliches Gefühl im Magen, denn es fiel mir kein zu rechtfertigender Grund ein, warum ich nein sagen sollte. Carey's Benehmen war vorbildlich gewesen. Als ich gerade dabei war, ihr meine Erlaubnis zu geben, sagte sie: „Vati, übrigens (erinnern Sie sich, das sind jene kritischen Eröffnungen!), Greg kann das Auto seiner Eltern nicht nehmen, um zur Party zu fahren, wir müssen also mit seinem Strandauto fahren, das keine Sicherheitsgurte hat, und wir müssen im Berufsverkehr über die Brücke fahren."

Ich war froh, dass ich so aufmerksam zugehört hatte, denn so konnte ich gleich reagieren: „Es tut mir Leid, aber du kannst nicht zu der Party gehen."

Carey fragte nicht einmal warum, sondern ging direkt ans Telefon, rief Greg an und sagte: „Es tut mir Leid, ich kann nicht zur Party kommen. Mein Vater lässt mich nicht."

Oft gibt ein Teenager Hinweise, wenn er ein „nein" auf eine Frage oder ein Ansinnen hören will. Sie müssen vorsichtig auf diese Hinweise achten, denn sie treten gewöhnlich auf, wenn Ihr Teenager einen Ausweg aus einer schwierigen Situation mit Gleichaltrigen sucht. Wenn er Sie dann als Verteidigung oder Alibi seinen Kameraden gegenüber benutzen kann, dann schafft das ein herrliches Gefühl der Verschworenheit zwischen Ihnen und Ihrem Kind.

Sie sollten Ihrem Teenager Gelegenheit geben, Sie so zu benutzen. Aber Sie müssen sich hüten, zu lügen oder Ihrem Kind zu erlauben, bei der Ausübung unehrlich zu sein.

Wie Sie in Careys Fall erkennen können, fühlte sie irgendwie, dass sie mit der Boot-Party zu der Zeit noch nicht fertig würde, und sie suchte einen Ausweg. Vielleicht war es auch nur ihre eigene Unruhe, die mir dieses unbestimmte Gefühl gegeben hatte. Ich weiß es wirklich nicht. Aber auf jeden Fall bin ich sehr dankbar, dass Carey sich unsere elterliche Autorität zunutze machte und sich aus einer möglicherweise ungesunden Situation heraushielt.

Vorausschauen

Es gibt eine weitere Strategie, die sich für mich von unschätzbarem Wert erwiesen hat, wenn es darum ging, den Drang eines Teenagers nach Unabhängigkeit und sein Begehren nach mehr Freiheit und Vorrechte in die richtigen Bahnen zu lenken. Die Einstellung der Eltern gegenüber dem Wachstum ihrer Kinder in verantwortungsbewusste Unabhängigkeit hat einen großen Einfluss auf die Reaktion eines Teenagers auf Erziehung und Autorität.

Wenn Sie Ihrem Kind mit der Einstellung gegenübertreten, dass es von Ihnen abhängig bleiben soll, vielleicht aus Angst, und wenn Sie tatsächlich versuchen, sein Wachstum in die Unabhängigkeit zu behindern, dann wird dies schlimme Folgen haben. Wenn Ihr Kind dieser Einstellung nachgibt, so wird es gehindert, in ein verantwortungsbewusstes Erwachsenenleben hineinzuwachsen, und es kann sich zu einem passiven, abhängigen Menschen entwickeln. Wenn es dieser über-behütenden Einstellung widersteht, so wird seine Beziehung zu Ihnen natürlich immer schlechter werden, und es wird zu einer Menge Konflikte kommen.

Also, welches sollte hier unsere Einstellung und unsere Philosophie sein? Es wäre am besten, wenn man mit seinem Teenager zusammenarbeiten und erreichen könnte, dass er bis zum Zeitpunkt seiner Volljährigkeit ein verantwortungsbewusster, unabhängiger Mensch geworden ist. Wenn Sie das Ihrem Teenager klar machen können, damit er versteht, dass Sie auch wünschen, dass er innerhalb einer bestimmten Zeit wirklich unabhängig wird und dass Sie darauf hinarbeiten, dann kann er das Gefühl haben, dass Sie für ihn und nicht gegen ihn sind.

Man muss einen Teenager von Zeit zu Zeit an diese Partnerschaft erinnern, insbesondere, wenn er irgendwohin gehen möchte, wo er nach Meinung seiner Eltern nicht hinpasst. Zum Beispiel, sagen wir, Ihr Kind möchte zu einer Party gehen, die nach Ihren Erkundigungen ungeeignet ist. Nehmen wir an, Sie haben alles getan, was wir hier besprochen haben – haben ihm bereitwillig zugehört und seine Seelenbatterie immer wieder aufgeladen. Sie haben auch das Vertrauensverhältnis nicht überstrapaziert und ihm ausreichend Privilegien eingeräumt bis dahin. Angenommen Sie haben erst einmal die Verzögerungstechnik angewandt, ohne dass sich jedoch das Problem lösen ließ. Und Sie stellen fest, dass Sie jetzt „nein" sagen müssen, aber Ihr Teenager will oder kann das Nein nicht akzeptieren.

Dann ist der Augenblick gekommen, die Strategie anzuwenden, die ich oben erwähnte. Ich habe sie als sehr wirksam empfunden, wenn es darum ging, dem Teenager zu helfen, zur richtigen Einstellung zu gelangen, zu verstehen, dass seine Eltern für ihn sind und nicht versuchen, ihn davon abzuhalten, seine Selbstständigkeit zu erlangen. Nach meiner Erfahrung tritt diese schwierigste Zeit am häufigsten ein, wenn der Teenager 16 ist. Er hat erst kürzlich seinen Moped-Führerschein machen dürfen und will neue Erfahrungen sammeln. In welchem Maß Sie diese Strategie einsetzen müssen, hängt natürlich von der besonderen Situation ab.

Ich erinnere mich, wie ich einmal Eltern beraten musste, die einen 16-jährigen Sohn hatten, der fest entschlossen war, zu einem Rock-Konzert zu gehen, das höchst unangebracht für ihn war. Bis dahin hatten die Eltern sein Verhalten und seine soziale Entwicklung noch ziemlich gut unter Kontrolle gehabt, weil er Vertrauen zu ihnen hatte und sie im täglichen Umgang geschickt gewesen waren. Aber bei dieser Gelegenheit war es anders gewesen. Die Eltern waren fast an dem Punkt angelangt, an dem sie ihn gehen lassen wollten. Das wäre natürlich ein Fehler gewesen. Wir dürfen nicht vergessen, dass ein Teenager das Gefühl haben muss, seine Eltern sind immer Herr der Situation. Es ist in Ordnung, wenn Eltern ihre Meinung aus gutem Grunde ändern, aber nicht als Kapitulation vor den Forderungen des Teenagers.

Ich riet diesen guten Eltern, diesmal nett, aber fest zu sein und ihrem Sohn zu erklären, dass sie möchten, dass er unabhängig wird und so bald wie möglich seine Entscheidungen selbst treffen könne. Dass er 16 1/2 sei und ihnen nur 18 Monate blieben (achten Sie darauf, dass sie Monate sagen, damit es näher klingt), um Sven zu einem völlig selbstständigen Menschen zu machen. In nur 18 Monaten wäre er nach dem Gesetz erwachsen und danach „könnte man von ihm erwarten ..." (Achtung: nicht „würde man von ihm erwarten" – bringen Sie sich nicht in die Defensive!), dass er seine Entscheidungen allein trifft, sein eigenes Geld verdient und seinen Platz im Leben findet, seine Wäsche selbst wäscht, kocht, usw.

Wenn diese Tatsachen Ihren Teenager noch immer nicht zu der richtigen Einstellung bekehren (meistens tun sie es) und er in der Opposition bleibt, so können Sie weitergehen und sagen, dass Sie keine gesetzliche Verantwortung für ihn trügen, wenn er einmal 18 sei – dass Sie aber alles in Ihrer elterlichen Macht Stehende tun wollten, um ihn in den kommenden 18 Monaten für das Erwachsenenleben bereit zu machen, denn dann würde Ihre gesetzliche Verantwortung ja enden.

Auch hier müssen Sie unbedingt wieder das Wort „gesetzlich" verwenden, damit Sie Ihre Worte nicht später bereuen, denn natürlich haben Eltern andere Pflichten ihrem Kind gegenüber auch nachdem es 18 geworden ist.

Diese Strategie ist ziemlich hart, und man sollte sie einem Teenager gegenüber in schwierigen Situationen erst anwenden, wenn alles andere versagt hat. Teenager müssen sich jedoch darüber im Klaren sein, dass die Absicht der Eltern in allen Dingen darin besteht, sie tatsächlich auf verantwortungsbewusste

Unabhängigkeit und auf das Erwachsenenleben vorzubereiten und nicht sie zurückzuhalten.

Sie können diese Einsicht auf vielfältige Weise in Ihrem Teenager verstärken. Zum Beispiel, indem Sie ihm sein eigenes Konto eröffnen und monatliche Einzahlungen darauf leisten, wobei er für bestimmte Ausgaben allein verantwortlich ist. Dies ist eine ausgezeichnete Methode, um die Zusammenarbeit zwischen Ihnen und Ihrem Kind zu fördern und auf seine Unabhängigkeit hinzuarbeiten. In dem Maße, wie es lernt, mehr Verantwortung zu tragen, kann man ihm zusätzlich Ausgaben überlassen, für die es verantwortlich ist, und zwar anhand eines Stufenplans mit dem Ziel, ihn bis zum Alter von 18 Jahren zur völligen finanziellen Verantwortung geführt zu haben.

Ein weiterer Weg zum gegenseitigen Verständnis bei der Erlangung der Selbstständigkeit Ihres Teenagers führt über das gemeinsame Gespräch in Zeiten der Verständigungsbereitschaft. Sprechen Sie mit Ihrem Kind über seine Zukunft, was es nach dem Schulabschluss tun möchte, welchen Beruf es ergreifen möchte, ob es studieren möchte, und wenn ja, was und wo. Gemeinsames Prüfen der möglichen Universitäten und Studiengänge kann das Zusammengehörigkeitsgefühl fördern; dies erreicht man auch, wenn man seinem Teenager neue Erfahrungsmöglichkeiten anbietet wie Sport oder Hobbys.

Grenzen setzen

Eine Frage, die Eltern häufig stellen, ist, wie viel Beschränkung man einem Teenager wegen schlechten Benehmens auferlegen muss. Teenager haben, wie alle Kinder, einen ausgeprägten Sinn für Gerechtigkeit. Sie spüren, ob Eltern weich sind, zu streng oder ungerecht. Ich habe Eltern gesehen, die sowohl das eine als auch das andere Extrem verkörperten. Einige haben die größten Schwierigkeiten, wenn sie ihren Teenagern gleichmäßig immer feste Grenzen setzen sollen, und lassen sich von ihnen leicht manipulieren. Andere Eltern sind in der entgegengesetzten Situation und behandeln ihre Kinder zu streng. Ich kenne einen Teenager, dem mehr als ein Jahr verboten war, eine Diskothek zu betreten oder überhaupt zu ähnlichen Zwecken das Haus zu verlassen. Eltern müssen daran denken, dass die Strafe dem Vergehen angemessen sein sollte. Die Vernunft muss siegen! Geringfügig schlechtes Benehmen, wie 15 Minuten zu spät nach Hause kommen, verdient auch nur Strafen von weniger als einer Woche. Wenn es öfter passiert, kann die nachfolgende Beschränkung verlängert werden. Beschränkungen von mehr als zwei Wochen sind selten gerechtfertigt, wobei vier Wochen eine extreme äußerste Grenze sein sollten. Wenn Beschränkungen häufig sind, insbesondere in Größenordnungen von mehr als einer Woche, dann stimmt etwas nicht, und zwar wahrscheinlich in der Erwartung der Eltern gegenüber der Eltern-Kind-Beziehung; oder es ist etwas anderes, wovon wir noch später sprechen werden.

Höflichkeit seitens der Eltern

Ein weiterer Aspekt, der für Eltern von größter Wichtigkeit ist: Sie sollten höflich und freundlich zu den Freunden Ihrer Teenager sein. Man muss ihnen herzlich begegnen, gleich was man von ihnen hält. Viele unnötige Probleme sind schon aus der Feindlichkeit der Eltern gegen heranwachsende Kameraden ihrer Kinder entstanden. Denken Sie daran, Eltern sind Autoritätspersonen.

Die meisten Teenager werden sich automatisch auf die Seite des schlecht behandelten Kameraden schlagen, gleichgültig welches die Umstände waren.

Ein tragisches Beispiel hierfür geschah in der Familie Breithaupt. Janina ging mit einem Jungen, der ihre Eltern schockierte. Er war viel älter als Jane, und man wusste, dass er mit Drogen handelte. Er benahm sich auch aufsässig und respektlos gegenüber Autoritätspersonen.

Aufgrund mehrerer Faktoren, deren wichtigster in der außergewöhnlichen Abneigung der Eltern dem Jungen gegenüber bestand, wurde Janina immer intimer mit dem Jungen. Dies schmerzte natürlich die Eltern.

Mit allen freundlich umzugehen, einschließlich der Kameraden Ihres Teenagers, zahlt sich ganz sicher immer aus. Erstens wird Ihr Teenager dies zu schätzen wissen und sich frei fühlen, jederzeit andere Teenager mit nach Hause zu bringen. Zweitens haben Teenager häufig Schwierigkeiten, sich ihren eigenen Eltern zu öffnen. Sie suchen oft andere Erwachsene, mit denen sie sich aussprechen können. Es ist ein wunderbares Gefühl, mit den Freunden Ihres Kindes ebenfalls Freundschaft schließen zu können. Nicht nur, dass Sie ihnen damit helfen können, es bringt Ihnen auch Ihr eigenes Kind näher. Drittens, wenn Sie „ungute" Kameraden freundlich behandeln, vermeiden Sie, ihnen Ihren Teenager in die Arme zu treiben, wie es die Breithaupts taten.

Was in der Tat in einem solchen Fall gewöhnlich geschieht, ist, dass Ihr Teenager später mit Fragen bezüglich seiner Kameraden zu Ihnen kommen wird. Er wird Ihre Meinung über seine Freunde kennen lernen wollen. Dann wird Ihr Teenager auch Ihre Meinung über seine Freunde hören wollen. Sind Sie jedoch feindlich seinen Freunden gegenüber, so wird es Ihr Teenager lieber vermeiden, mit Ihnen darüber zu sprechen, und Sie werden so selbst Ihren Einfluss auf Ihr Kind geschmälert haben.

Anormale Situationen

Was wir bisher besprochen haben, bezog sich auf normale Situationen. Es gibt jedoch Zeiten, in denen Eltern sich nicht normalen Situationen gegenübersehen. Wenn ein Teenager trotz bedingungsloser Liebe und Appelle an die Vernunft seitens der Eltern ständig schwierig zu führen ist, so kann es sein, dass dem ernste Probleme zugrunde liegen und dass er Hilfe von außen braucht.

Es gibt mehrere Verhaltensprobleme von Teenagern, mit denen Eltern nicht fertig werden können. Eines davon ist die Depression, die im Teenageralter in komplexer und heimtückischer Form auftreten kann. Ein weiteres Problem, auf das wir immer häufiger stoßen, ist Gedankenverwirrung und die Schwierigkeit, seine Gedanken zu beherrschen. Ein weiteres Problem, das nur ein Fachmann lösen kann, sind neurologische Störungen, die zu emotionalen Schwierigkeiten führen können.

Ein Arzt muss mögliche Charakterstörungen erkennen können. Eine dieser Störungen besteht in der Unfähigkeit eines Teenagers, richtig mit Ärger umzugehen. Auch kann es schwierig werden, das Verhalten eines Teenagers zu beeinflussen, weil es Probleme im Familienleben und in den familiären Beziehungen gibt. Tatsächlich können die Verhaltensprobleme eines Teenagers von jeder Kombination dieser Faktoren verursacht oder verschlimmert werden. Da Verhaltensstörungen bei Teenagern immer häufiger auftreten und immer komplexer werden, sollten kluge Eltern rechtzeitig fachmännische Hilfe suchen, bevor die Lage zu ernst wird. Die meisten Probleme lassen sich mit Hilfe fähiger, gut ausgebildeter Therapeuten unter Mithilfe der Eltern lösen.

9. Depression in der Pubertät

Depression in der Pubertät ist eine komplexe, heikle und gefährliche Erscheinung. Sie ist komplex wegen ihrer vielen komplizierten Ursachen und Wirkungen. Sie ist heikel, weil sie immer unbemerkt vor sich geht, sogar unbemerkt von dem Jugendlichen, bis es zur Katastrophe kommt. Sie ist gefährlich, weil es durch die Depression zum Schlimmsten kommen kann – von Versagen in der Schule bis zum Selbstmord.

Ich sehe viele Teenager, die versucht haben, sich ein Leid zuzufügen oder sich umzubringen. Oftmals sind ihre Eltern und Freunde erschrocken und zutiefst erschüttert, weil sie das Geschehene nicht fassen können. Diese verzweifelten Menschen hatten geglaubt, mit ihren Kindern sei alles in bester Ordnung gewesen, und hatten nie erraten, wie unglücklich diese waren.

Depression in der Pubertät ist schwer zu erkennen, weil die Symptome anders sind als die klassischen Symptome der Depression bei Erwachsenen. Zum Beispiel handelt und spricht ein Teenager mit einer leichten Depression normal. Es bestehen keine äußeren Anzeichen für Depression. Leichte Pubertätsdepression manifestiert sich in Fantasien, in Tagträumen oder in Träumen während des Schlafs. Leichte Depression ist nur erkennbar, wenn man irgendwie die Gedanken des Kindes kennt. In diesem Stadium können selbst Fachleute Depression nur schwer erkennen.

Bei gemäßigter Depression handelt und spricht ein Teenager außerdem ganz normal. Aber der Inhalt der Gespräche kann bei gemäßigter Depression affektiert, gefühlsbeladen sein und in erster Linie um deprimierende Themen kreisen, wie z.B. um den Tod, morbide Probleme und Krisen. Da heute viele Erwachsene in pessimistischer Stimmung zu sein scheinen, kann so die Depression des Teenagers unbemerkt bleiben.

Vor kurzem rief mich eine besorgte Mutter wegen ihres vierzehnjährigen Sohnes an. Sie wusste nicht genau, ob er Hilfe brauchte. Diese liebende Mutter sagte, ihr Junge handele normal, sähe normal aus und spräche normal – alles scheine in Ordnung – außer dass er jeden Abend nach den Nachrichten im Fernsehen Dinge sagen würde, wie z.B. „Es wird immer schlimmer auf der Welt, ich glaube es wäre besser, tot zu sein." Es war festzustellen, dass dieser nette Junge zu mäßiger Depression neigte.

Auf der anderen Seite kann mäßige Depression bei Erwachsenen ziemlich lähmend wirken. Sie kann zu ernsten Schlafstörungen und Ernährungsproblemen führen und zur Unfähigkeit, seine verschiedenen Funktionen voll zu erfüllen, angefangen von den elterlichen Aufgaben bis hin zur Berufsausübung. Sie kann schwere Folgen haben, sogar Selbstmord.

Mäßige Depression bei Teenagern wirkt ebenso tief greifend und schwerwiegend wie mäßige Depression bei Erwachsenen. Biochemisch und neurohormonell sind beide Formen der Depression im Wesentlichen identisch. Aber Sie sehen, wie unterschiedlich die Äußerungen oder Symptome sind. Ein mäßig deprimierter Erwachsener sieht schrecklich aus, fühlt sich elend und wird ernstlich in seiner Leistungsfähigkeit beeinträchtigt. Aber ein Teenager? In der großen Mehrzahl der Fälle erscheint der Teenager nur bei schwerer Depression auch wirklich depressiv. Wenn wir sagen können: „Mann, sieht das Kind depressiv aus!" dann sollten wir wirklich davon ausgehen, dass dieser Jugendliche zutiefst depressiv ist und wahrscheinlich selbstmordgefährdet.

Es gibt jedoch Ausnahmen. Depression bei Teenagern ist schwer zu identifizieren, weil sie es gut verstehen, sie zu „kaschieren", d.h. sie können sie verstecken, indem sie so erscheinen, als sei mit ihnen alles in Ordnung, auch wenn ihnen ganz elend ist. Dies nennt man oft die „lächerliche Depression". Dieses Maskieren der Depression geschieht in erster Linie, wenn andere Menschen dabei sind. Wenn ein deprimierter Teenager allein ist, lässt er oft seine Maske etwas fallen.

Das kann eine Hilfe für Eltern sein. Wenn wir unsere Kinder in Zeiten sehen können, in denen sie sich allein wähnen, ist es uns vielleicht möglich, ihre Depression zu erkennen. Es ist erstaunlich, wie sich ihr Gesicht verändert. Allein sehen sie schrecklich traurig und elend aus. Sobald sie meinen, jemand beobachtet sie, erscheint sofort die lächelnde Maske der Depression, als sei alles in bester Ordnung. Dies ist eine Möglichkeit, Depression zu erkennen, auch wenn es nicht die beste ist.

Wie man Depression entdeckt

Wie können wir dann also Depression bei unseren Kindern erkennen, um etwas dagegen zu unternehmen, ehe es zur Tragödie kommt? Erst einmal ist es zwingend notwendig, sie frühzeitig zu erkennen, da es heutzutage zahlreiche Varianten gibt, wie Depression unseren Kindern schaden kann. Ein deprimierter Teenager ist dem unheilvollen Druck Gleichaltriger viel mehr ausgesetzt, kann Opfer von Rauschmitteln werden, kriminelle Handlungen begehen, unangemessene sexuelle Erfahrungen machen und andere asoziale Verhaltensweisen an den Tag legen, bis hin zum Selbstmord.

Die beste Art, Depression beim Teenager zu erkennen, besteht darin, die verschiedenen Symptome zu verstehen, die bei Depression im Teenageralter auftreten und wie sie sich entwickeln. Es ist entscheidend, dass man die Gesamtkonstellation der Symptome im Einzelnen versteht, denn ein oder zwei Symptome allein können, müssen aber noch keine wirkliche Depression bedeuten.

Wirkliche Depression ist ein biochemischer und neurohormoneller Prozess, der sich bei Teenagern gewöhnlich langsam über einen Zeitraum von mehreren Wochen oder Monaten entwickelt.

Wir wollen einmal die Symptome betrachten:

1. Konzentrationsschwäche

Bei einer milden Depression im Teenageralter ist das erste Symptom, das man im Allgemeinen bemerkt, eine verkürzte Konzentrationsfähigkeit. Der Teenager kann seine Gedanken nicht mehr so lange auf einen Gegenstand konzentrieren wie früher. Seine Gedanken wandern, und er wird immer geistesabwesender. Er verliert sich immer mehr in Tagträumen. Diese Konzentrationsschwäche wird gewöhnlich spürbar, wenn der Teenager versucht, seine Hausaufgaben zu machen. Es fällt ihm immer schwerer, seine Gedanken darauf zu konzentrieren. Und es scheint, je mehr er sich anstrengt, umso weniger gelingt es ihm. Natürlich führt dies zu Frustrationen, denn der Teenager gibt sich selbst die Schuld und hält sich für „dumm" oder „blöd". Er nimmt an, er sei zu wenig intelligent, um die Arbeit zu schaffen. Stellen Sie sich einmal vor, was das für sein Selbstwertgefühl bedeutet.

2. Tagträume

Die Konzentrationsschwäche des Teenagers wirkt sich auch in der Schule aus. Anfangs kann er sich vielleicht noch die meiste Zeit auf das konzentrieren, was im Klassenzimmer passiert, und träumt nur noch in den verbleibenden Minuten. In dem Maße, in dem die Depression sich verschlimmert und die Konzentrationsdauer kürzer wird, wird der Teenager immer unaufmerksamer und träumt mehr und mehr vor sich hin. In diesem Stadium ist es der Lehrer, der in der besten Position ist, die Depression zu erkennen. Leider wird Tagträumen gewöhnlich als Faulheit oder mangelnder Leistungswille interpretiert. Jedoch kann man anhand einer oder zweier solcher Symptome allein, wie Tagträumen oder Konzentrationsschwäche, wirkliche Jugendlichen-Depression noch nicht diagnostizieren. Man muss die graduelle Entwicklung einer Vielfalt von Symptomen erkennen können.

3. Schlechte Noten

Je mehr die Konzentration eines Teenagers nachlässt und je mehr er träumt, umso eher stellen sich schlechtere Noten ein. Leider ist dieser Notenabfall so allmählich, dass man ihn nur schwer erkennen kann. Aus diesem Grund wird er selten einer Depression zugeschrieben, sondern tatsächlich meinen der Teenager, die Eltern und der Lehrer gewöhnlich, die Arbeit sei zu schwierig für ihn geworden, oder er interessiere sich zu sehr für andere Dinge. Es wäre ganz hilfreich, wenn die Noten drastisch abfielen, z.B. von einer Drei auf eine Fünf innerhalb einer einzigen Zeugnisperiode. Aber die Noten fallen zumeist etwa so: von einer Drei auf eine Vier plus, von vier plus auf vier minus und dann erst auf fünf. Man kommt dabei selten auf Depression als Ursache.

4. Langeweile

Je mehr ein Teenager träumt, umso eher wird für ihn Langeweile ein Problem. Langeweile ist normal bei Jugendlichen, besonders am Anfang der Pubertät, aber immer nur während relativ kurzer Zeitspannen. Normale Langeweile tritt häufig für ein oder zwei Stunden auf, manchmal stellt sie sich einen ganzen Abend ein oder einen Tag lang, gelegentlich zwei Tage. Aber fortgesetzte Langeweile, die mehrere Tage oder länger andauert, ist nicht normal und sollte uns eine

Warnung sein, dass etwas nicht in Ordnung ist. Es gibt wenige Dinge, die mich so sehr beunruhigen wie andauernde Langeweile bei einem Jugendlichen, besonders zu Beginn der Pubertät. Langeweile zeigt sich zumeist darin, dass der Jugendliche über immer längere Zeiträume für sich allein in seinem eigenen Zimmer bleiben möchte. Er verbringt diese Zeit damit, einfach nur auf seinem Bett zu liegen, zu träumen und Musik zu hören. Der Teenager, der sich langweilt, verliert das Interesse an Dingen, die ihm oder ihr einmal Spaß gemacht hatten wie z.B. Sport, Kleider, Autos, Hobbys, Veranstaltungen in der Gemeinde oder mit einem Mädchen (oder Jungen) auszugehen.

5. Somalische Depression

Mit fortschreitender Langeweile fällt der Teenager allmählich in eine mittelschwere Depression. In diesem Stadium beginnt er an dem zu leiden, was ich *somalische* Depression nenne. Alle Depressionen sind physiologisch oder haben eine biochemisch-neurohormonelle Grundlage. In diesem Stadium fangen diese Symptome an, das Kind direkt physisch zu belasten. Zum Beispiel beginnt der Teenager bei einer mittleren Depression, körperliche Schmerzen zu spüren. Dieser Schmerz kann an vielen Stellen auftreten, wird jedoch zumeist in der Körpermitte und/oder im Kopf gespürt. Infolge von Depression leiden viele Teenager an Schmerzen im Unterbauch oder an Kopfschmerzen.

6. Verweigerung

In diesem erbärmlichen Zustand kann es geschehen, dass der Teenager sich von Gleichaltrigen zurückzieht, und um alles noch schlimmer zu machen, meidet er nicht nur Gleichaltrige, sondern er trennt sich von ihnen in solcher Feindseligkeit, in großem Streit und auf so unangenehme Art, dass er sich ihre Feindschaft zuzieht. Infolgedessen wird der Teenager sehr einsam. Und da er sich so gründlich mit seinen guten Freunden verfeindet hat, findet er sich plötzlich in Gesellschaft von Gleichaltrigen mit schädlichem Einfluss, die vielleicht Rauschgift nehmen und/oder häufig in Schwierigkeiten sind. Die Situation wird immer beängstigender.

Wenn einmal fortgesetzte Langeweile eingetreten ist, kann vieles geschehen. Die seelischen und körperlichen Schmerzen können in diesem Stadium verheerend und manchmal unerträglich werden. Der Teenager ist schließlich so verzweifelt, dass er etwas unternehmen will. Erstaunlicherweise bemerkt er nicht einmal jetzt, dass er deprimiert ist. Die Fähigkeit eines Jugendlichen, sich hinter Verweigerung zu verstecken, ist wirklich unglaublich. Dies ist auch der Grund, warum Depression nicht vermutet wird, bis es zur Katastrophe gekommen ist.

Der Depression Ausdruck geben

Wenn ein Jugendlicher unter mittelschwerer bis schwerer Depression in dem Maße leidet, dass er sie nicht länger ertragen kann, wird er Handlungen vornehmen, mit denen er versucht, sein Elend und seine Verzweiflung zu mildern. Die Handlungen, die ein Jugendlicher in seiner Depression unternimmt, nennt man „Abreagieren der Depression". Es gibt viele Arten, wie ein Teenager seine Depression abreagieren könnte.

Jungen neigen mehr zur Gewalttätigkeit als Mädchen. Diese versuchen ihre Depression zu lindern, indem sie stehlen, lügen, sich schlagen, zu schnell fahren oder sich auf andere Art asozial benehmen. Eine der üblichsten kriminellen Handlungen ist heute der Einbruch. Etwas zu tun, was ein Gefühl der Aufregung und Gefahr vermittelt, scheint den Schmerz der Depression etwas zu lindern. In Privathäuser einzubrechen vermittelt ein wenig dieses Gefühl, so dass deprimierte Jungen oft zu diesem Mittel greifen.

Natürlich brechen Jungen auch aus anderen Gründen in Häuser ein. Wenn mir also ein Teenager überwiesen wird, weil er Verhaltensweisen wie Einbrechen an den Tag gelegt hat, so ist eines meiner ersten Anliegen, festzustellen, inwieweit Depression mitgespielt hat. Das festzustellen ist kritisch, weil ein deprimierter Teenager im Allgemeinen nicht gut auf Hilfe reagiert, wenn die Depression nicht gleichzeitig behandelt wird. Ich glaube, die Depression bei diesen jungen Leuten zu übersehen, ist aber sehr fahrlässig. Leider richten aber die Institute, die mit Jugendlichen zu tun haben, ihr ganzes Augenmerk auf Verhaltensweisen und lassen die depressive Komponente im Problem des Kindes völlig außer Acht.

Mädchen reagieren ihre Depression meist weniger gewaltsam ab. Dieser Trend ist jedoch rückläufig, wegen der ungesunden, auf Gewalt ausgerichteten

Modelle in den Medien. Mädchen äußern ihre Depression häufig in wahllosem Geschlechtsverkehr, ihr depressiver Schmerz scheint sich durch die enge physische Beziehung des Verkehrs lindern zu lassen. Wenn es jedoch vorbei ist, fühlen sich diese unglücklichen Mädchen schlechter – deprimierter – als je zuvor, da Selbsterniedrigung eine Rolle dabei spielt. Depression und geringe Selbstachtung sind fast immer die Grundlage für wechselnde geschlechtliche Beziehungen bei einem Mädchen. Es ist erstaunlich, wie sehr wir einem Mädchen helfen können, die diese Art Probleme hat, wenn wir ihre Depression behandeln. Es ist gleichermaßen wahr, wie wenig wir tun können, wenn wir ihre Depression vernachlässigen.

Ein deprimierter Teenager kann auch seine Depression abreagieren, indem er Betäubungsmittel nimmt. Marihuana und Depression sind eine sehr gefährliche Kombination, da sich der Teenager nach der Einnahme von Marihuana wirklich besser fühlt. Marihuana ist aber kein Antidepressivum, es blockiert eher den Depressionsschmerz. Leider fühlt sich der Teenager nur deswegen wohler, weil er nicht mehr so viel Schmerz empfindet. Natürlich, sobald das Marihuana vom Körper verarbeitet worden ist, kommt der Schmerz zurück. Um dann den gleichen Grad an Erleichterung von seinem Schmerz zu spüren, muss der Teenager eine größere Menge nehmen. Dies ist die übliche Art für einen Teenager, sich an Marihuana zu gewöhnen. Andere Betäubungsmittel können auf einen deprimierten Teenager in gleicher Weise wirken. Wir müssen also ganz selbstverständlich feststellen, welche Rolle Depression bei Beginn der

Rauschgiftsucht gespielt hat, wenn wir einem Jugendlichen helfen wollen. Ich bin ehrlich besorgt, wie oft Depression von vielen Fachleuten und Instituten, die sich mit dem Drogenproblem befassen, übersehen oder abgetan wird.

Eine weitere Art, wie ein deprimierter Teenager seine Depression äußern mag, ist der Selbstmordversuch. Manchmal ist der Versuch eine Geste, mit der der Teenager Aufmerksamkeit erregen möchte und gar nicht sterben will. Mädchen machen häufiger Selbstmordversuche als Jungen, aber Jungen sind häufiger erfolgreich und töten sich wirklich. Mädchen benutzen im Allgemeinen weniger gewaltsame Mittel für ihre Selbstmordversuche, wie z.B. Tabletten. Jungen dagegen benutzen mehr gewalttätige Mittel, wie Gewehre. Natürlich macht es das leichter, Mädchen bei ihren Selbstmordversuchen zu retten. Ich habe jedoch schon Mädchen gesehen, die dem Tode sehr nahe waren oder tatsächlich starben. Welch eine Tragödie!

Heilung für die milde Form der Depression

Was können wir tun, um unseren deprimierten Teenagern zu helfen? Vor allem müssen wir die Depression rechtzeitig erkennen, um eine Katastrophe zu verhindern. Das bedeutet, dass wir mit den Symptomen der Depression im Jugendalter vertraut sein müssen. Diejenigen, für die diese Information am wichtigsten ist, sind Eltern und Menschen, die mit Teenagern arbeiten müssen, wie z.B. Lehrer, Jugendsozialarbeiter und Jugendreferenten. Wenn die Depression rechtzeitig erkannt wird, d.h. wenn es die milde Form ist, fällt es relativ leicht, ihrem heimtückischen Fortgang Einhalt zu gebieten und sie zu mildern.

Obwohl die Formen jugendlicher Depression sehr komplex sind, was ihre Ursachen betrifft, so gibt es doch oft einen spezifischen Faktor oder ein Ereignis, von dem der Teenager überwältigt ist und wodurch die verschiedenen Symptome ausgelöst werden.

Das kann zum Beispiel ein Todesfall, eine Krankheit oder der Weggang eines für den Jugendlichen wichtigen Menschen sein, oder eine Enttäuschung, wie z.B. eine Scheidung oder ein Konflikt zwischen den Eltern oder der Umzug an einen unerwünschten Ort. In solchen Situationen fühlt sich der Teenager einsam, verlassen und ungeliebt. Es ist zuallererst wichtig, ihm zu zeigen, dass er uns etwas bedeutet und dass wir ihn lieben. Wir zeigen ihm dies, indem wir genug Zeit mit ihm verbringen, damit er seine psychologischen Abwehrkräfte abbauen und mit uns in Verbindung treten kann. Dann wird auch unser liebevolles Verhalten ihm gegenüber, d.h. Augen- und Körperkontakt sowie gezielte Aufmerksamkeit, von Bedeutung für ihn sein.

Wenn es sich um einen Konflikt innerhalb der Familie handelt, z.B. um eine Scheidung, dann braucht der Teenager Hilfe, um mit seinen eigenen Gefühlen zurechtzukommen. Es ist ganz besonders wichtig, ihm klar zu machen, dass es nicht seine Schuld war, dass er nichts hätte tun können, um es zu verhindern.

Teenager sind außerordentlich empfindlich für Probleme, die zwischen ihren Eltern bestehen. Leider scheinen die meisten Menschen zu glauben, dass es einem Teenager, der die Schule abgeschlossen hat und der von zu Hause fortgeht, nichts ausmacht, was zwischen seinen Eltern vorgeht. Welch ein entsetzlicher Irrtum! Careys Freunde waren alle Studenten im ersten Semester, zum ersten Mal weg von zu Hause. Jeder gab an, wie sehr ihm der Unterricht gefiel, die neuen Freunde und das Leben an der Uni, aber sie gaben auch alle ihrer Enttäuschung darüber Ausdruck, wie wenig sie von ihren Eltern hörten, wie wenig Anrufe, Briefe oder Besuche sie erhielten.

Die meisten Eltern sehen einfach nicht ein, wie belastend diese Zeitspanne im Leben eines jungen Menschen ist und wie wichtig es ist, ihm weiter eine solide und stabile „Heimatbasis" zu bieten. Die schlechteste Zeit für Eltern, sich scheiden zu lassen, ist etwa um die Zeit, wenn ein Teenager von zu Hause weggeht. Von zu Hause weggehen, besonders das erste Mal, ist einer der beunruhigendsten, angsterzeugendsten und unsichersten Lebensabschnitte in jedem Leben. In dieser Zeit sind das wichtigste Fundament der Sicherheit für einen Jugendlichen sein Zuhause und seine Eltern. Scheidung zerrüttet diese Quellen der Stabilität für einen Jugendlichen von Grund auf. Aber es ist verwunderlich, wie naiv so viele Leute sind, und wie viele Eltern sich direkt nach dem Fortgang ihres Kindes auf die Universität haben scheiden lassen. Dies hat eine tief greifende Wirkung auf das Wertesystem des Jugendlichen und unterminiert seinen Glauben an die Heiligkeit der Ehe. Es lässt ihm wenig Gelegenheit, mit seinem Gefühl der Frustration, des Ärgers, der Angst, des

Zurückgestoßenseins fertig zu werden und mit seiner Angst vor seinem eigenen Schritt in eine Ehe. Ein Teil dieser unbewältigten inneren Konflikte kann negative Auswirkungen auf seine eigene Ehe haben und Konflikte mit seinem Ehepartner auslösen.

Mäßige und schwere Depressionen

Wenn die Depression bei dem Teenager schwerer wird, entwickelt sich eine ernste Komplikation. Seine Gedankengänge werden beeinflusst. Bei mittlerer und schwerer Depression verliert der Teenager allmählich seine Fähigkeit, klar, logisch und rational zu denken. Sein Urteilsvermögen lässt nach in dem Maße, in dem er die Fähigkeit verliert, eine gesunde Perspektive beizubehalten und er konzentriert sich mehr und mehr auf krankhafte und deprimierende Einzelheiten. Seine Wahrnehmungen der Wirklichkeit werden verzerrt, insbesondere was er für die Meinung anderer über sich selbst hält. Er nimmt immer häufiger an, dass alles leer und öde ist, nichts sich lohnt, und das Leben ist nicht mehr lebenswert.

Nun kommt es zu einer gedanklichen Störung. Während der Jugendliche mehr und mehr die Fähigkeit verliert, klar und vernünftig zu denken und sich zu unterhalten, wird die Beratung als solche immer wirkungsloser. Dies ist ein beängstigendes Dilemma. Wie soll man einem Jugendlichen durch Beratung helfen, wenn man nicht vernünftig mit ihm argumentieren kann? Wenn diese Situation eintritt, ist medizinische Hilfe erforderlich. Denn es geschieht meist in der Zeit, wenn der Jugendliche seine Fähigkeit rational, vernünftig und logisch zu denken verliert, dass er beginnt, seine Depression in selbstzerstörerischer Art und Weise abzureagieren.

Depression im jugendlichen Alter ist nicht etwas, das man als Phase betrachten kann, die ihren Verlauf nehmen wird. Diese schreckliche Heimsuchung hat die Tendenz, immer schlimmer zu werden, bis die Depression erkannt ist und Maßnahmen dagegen ergriffen werden.

Depressionen und Drogen

Wie bereits erwähnt, ist ein depressiver Jugendlicher der Gefahr von Drogenmissbrauch aus zwei Gründen ziemlich ausgesetzt: Erstens blockieren (oder dämpfen) viele Drogen wie insbesondere Marihuana den Schmerz der Depression. Zweitens wird heute unseren Jugendlichen in der Literatur vielfach weisgemacht, dass man Drogen ruhig nehmen kann. Es ist für manche Fachleute und auch Institutionen ganz normal, den Jugendlichen zu sagen, dass sie ruhig Marihuana nehmen könnten, solange sie keinen Alkohol trinken. Es ist erstaunlich, wie viele Jugendliche und Erwachsene tatsächlich glauben, Marihuana sei harmlos. Wir sehen jeden Tag die Wirkung dieser raffiniert gefährlichen Droge.

Kürzlich haben wir einen fünfzehnjährigen Jungen wegen Drogenmissbrauchs, schwerer Depression und Verhaltensstörungen im Krankenhaus aufnehmen müssen. Unsere medizinischen Aufnahmeuntersuchungen umfassten natürlich auch eine Blutuntersuchung. Wir stellten fest, dass dieses Kind sehr stark anämisch (blutarm) war. Sein Körper verlor mehr und mehr seine Fähigkeit, Blut zu produzieren, und zwar wegen Drogenmissbrauchs. Ehe wir das Kind wegen seiner seelischen Probleme behandeln konnten, mussten wir es in die Uni-Klinik überweisen, damit es Blutplasmatransfusionen bekommen konnte. Seine Aussichten sind sehr schlecht.

All dies bringt uns zurück zu der Frage der Ausübung elterlicher Kontrolle über die Freiheit eines Teenagers, indem man Rechte und Freiheiten auf der Basis von Vertrauen und Vertrauenswürdigkeit einräumt und die Angemessenheit einer Aktivität mit in Rechnung stellt. Wenn Ihr Teenager wirklich das Gefühl hat, dass Sie ihn lieben und sich um ihn sorgen, wird er eher bereit sein, Ihnen zuzuhören und Ihren Rat hinsichtlich seiner Sicherheit anzunehmen. Daher müssen Sie dafür sorgen, dass seine Gefühlsbatterie stets geladen bleibt. Dann erst werden Sie in der Lage sein, Ihrem Kind zu helfen, damit es die schädlichen Folgen nicht zu spüren bekommt, die daraus entstehen, dass man dem Druck Gleichaltriger nachgibt, Drogen zu nehmen. Sie müssen Ihren Teenager immer wieder daran erinnern, dass er nicht unvorsichtigerweise etwas trinkt oder isst, ohne sich zu vergewissern, ob jemand eine Droge in das Getränk oder in das Essen getan haben kann. Bei jeder fraglichen Party ist es vernünftig, zugeteilte Portionen abzulehnen und sich selbst zu bedienen und keine Speisen und Getränke von jemand anzunehmen, den Ihr Kind nicht gut kennt. Dies erscheint übertrieben ängstlich, aber ich habe persönlich gesehen, wie eine einzige Einnahme einer Droge sich verheerend auf den Geist eines Teenagers ausgewirkt hat.

Der schrecklichste Aspekt der Drogen besteht darin, wie sie den Gedankengang eines Teenagers beeinflussen können. Ich habe viele Teenager gesehen, die nicht folgerichtig oder logisch denken konnten, nachdem sie nur eine einzige Dosis der Droge genommen hatten. Diese gedankliche Störung ist oft so subtil, dass sie niemand entdeckt. Aber die Ergebnisse sind verheerend. Die Fähigkeit des Teenagers, positive Beziehungen mit anderen Menschen zu unterhalten, verkümmert. Er äußert plötzlich falsche und oft bizarre Ideen über andere Leute, Werte, Autorität, Gesellschaft und sich selbst. Er interpretiert Menschen und ihre Beweggründe plötzlich völlig falsch. Weil er nicht klar denken kann und er etwas durcheinander gerät, wird er leicht von Gleichaltrigen-Gruppen, von Sekten und ähnlichen Leuten verführt, die daran interessiert sind, ihn zu gebrauchen.

Gibt es etwas, was mehr Angst macht, als Menschen, die nicht genau denken können und verdrehte Ideen, verdrehte Ansichten und verdrehte Wertvorstellungen haben?

Wenn Sie bereit sind, alles daranzusetzen, dass Ihr Kind durch das Teenageralter geht, ohne intellektuell, sozial und psychologisch geschädigt oder zerstört zu werden, dann müssen Sie auch alles einsetzen, um dies zu verhindern. Dazu ist es notwendig, dass Sie Ihren Teenager lieben, ihn genau beobachten und streng überwachen. Es ist eine schwere Aufgabe, aber der Lohn ist der Mühe wert. Eine der größten Belohnungen, die dieses Leben uns bieten kann, besteht darin, einen Teenager in einen reifen, sensiblen, unabhängigen und recht denkenden Erwachsenen sich entwickeln zu sehen, der seinen Platz in dieser Welt einnehmen kann.

10. Wie Sie Ihrem Teenager intellektuelle Hilfe geben können

Um Ihr heranwachsendes Kind für die Zukunft in dieser Welt des Unverstandes vorzubereiten, müssen Sie es lehren, klar zu denken. Es gibt hierfür zwei Hauptgründe. Erstens, ein Mensch kann keinen starken und beständigen Glauben oder kein moralisches Wertsystem haben, ohne dass er in der Lage ist, klar zu denken. Ein Glaube, der fest und dauerhaft ist und die Grundlage für die Bedeutung des Lebens bildet, kann niemals ein blinder Glaube sein. Er muss auf rationaler, logischer Überlegung gründen. Er muss mit der wirklichen Welt übereinstimmen und er muss vernünftige Antworten auf die letzten Fragen des Lebens bieten.

Zweitens gibt es so viele Entscheidungen und Handlungen, die nicht auf sorgfältiger logischer Überlegung beruhen, sondern die Folge von irrationalen, impulsiven Eingebungen sind. Es ist so leicht für uns anzunehmen, dass Menschen, die unvernünftige Handlungen vornehmen oder verteidigen, tatsächlich die Tatsachen verstehen und nur fanatische Mittel einsetzen, um ihre Forderungen durchzusetzen. Ich wünschte, das wäre so, denn dann könnte man mit ihnen argumentieren. Tatsache ist, dass diese Menschen wirklich glauben, sie handelten rational und logisch.

Es ist sehr wichtig, dass Sie Ihrem Teenager rationales, logisches und folgerichtiges Denken beibringen, damit er die Tatsachen in der richtigen Reihenfolge behandelt. Eines der wichtigsten Rüstzeuge, die Sie Ihrem Kind mitgeben können, ist die Fähigkeit, sein eigenes Denken zu bewerten, damit es darauf vertrauen kann und in der Lage ist, dieses aufgrund neuen Wissens anzupassen. Darüber hinaus sollte ein Teenager lernen, Fehler aufgrund falschen Denkens zu erkennen und dann zu verstehen, wie man zu falschen Schlüssen kommen kann. Wie helfen Sie Ihrem heranwachsenden Kind am besten auf diesem Wege?

Geistige Entwicklung

Es ist wichtig zu verstehen, dass die geistige Entwicklung eines Kindes von einer Phase zur anderen fortschreitet. Der Faktor, der am meisten bestimmt, wie gut ein Kind jedes Stadium geistiger Entwicklung beherrscht, ist die gefühlsmäßige Bereicherung, die es erhält. Je mehr es Ihnen gelingt, Ihr Kind unbedingt und wirklich zu lieben, umso eher wird es in der Lage sein, sich geistig zu entwickeln. Je mehr Ihr Kind sich geliebt fühlen kann, umso mehr wird es fähig sein, klar und logisch zu denken. Je weniger ein Kind sich geliebt und umsorgt fühlt, umso schwächer wird sein Geist ausgebildet werden.

Damit der Geist eines Kindes stark und gesund wächst, muss der Jugendliche sich erst in seiner Haut wohl fühlen. Danach wird er in der Lage sein, zu einer klugen und verständnisvollen Person heranzureifen, die in der Lage ist, die richtige Perspektive einzuhalten, insbesondere was ihre Gefühle betrifft.

Der junge Mensch, der gefühlsmäßig nicht gut versorgt wird, kann seine Gefühle nur schlecht beherrschen und wird möglicherweise von ihnen überwältigt. Zuerst müssen die gefühlsmäßigen Bedürfnisse Ihres Kindes erfüllt werden.

Kürzlich bekam ich einen vierzehnjährigen Jungen mit männlicher Statur zu sehen, der seinen Baseball-Trainer mit einem Schlagstock angegriffen und verletzt hatte. Der Junge sah sich in seiner Tat völlig gerechtfertigt. Er gab an, dass er das Recht hatte, seinen Trainer anzugreifen, weil er und der Sohn des Trainers im Wettstreit um die gleiche Position lagen und er dadurch im Nachteil war.

Die schlechte Argumentation dieses Jungen nennt man lockere Assoziation. Indem ein Mensch die lockere Assoziation in seinem Gedankengang verwendet, kann er fast alles rechtfertigen. Dieses verwirrte Denken ist unlogisch und gefährlich. Und es ist heutzutage unter den Teenagern immer häufiger anzutreffen. Leider ist diese falsche Art zu denken sehr kompliziert und nur schwer im Alltagsleben zu erkennen. Darin liegt einer der Hauptgründe, warum viele unserer Teenager nicht richtig für ein reifes Erwachsenenleben vorbereitet sind.

Sie sollten ständig auf der Hut sein, Gelegenheiten zu ergreifen, durch die Sie Ihr heranwachsendes Kind lehren können, richtige und genaue Gedankenverbindungen herzustellen. Ein typischer Teenager kann nicht gut abstrakt denken, ehe er wenigstens fünfzehn Jahre alt ist, und auch dann beginnt er erst zu lernen. Darum meint ein Teenager in seiner frühen und mittleren Pubertätszeit auch so oft, seine Eltern hätten Unrecht oder seien unwissend. Später, wenn seine Gedankengänge weiter werden und er eher abstrakt argumentieren kann, beginnt er seine Eltern zu verstehen und ihre Meinungen zu respektieren.

In diesen schwierigen Zeiten müssen Sie geduldig sein und viel Liebe aufbringen, und Sie müssen versuchen, Ihren Teenager an klares Denken zu gewöhnen. Und eine Art, wie man dies erreichen kann, ist die, falsche Ideenassoziationen zu erkennen und zu korrigieren.

Geistige Bestätigung

Ein Teenager braucht geistige Bestätigung, um richtig denken zu lernen. Damit ein Mensch kreativ denken kann, muss er sich selbst respektieren können. Nicht nur gefühlsmäßig und physisch, sondern auch geistig. Er muss das Gefühl haben, dass er in seiner Denkfähigkeit bestätigt wird. Das bedeutet nicht, dass Sie ihm das Gefühl geben müssen, als hätte er immer Recht. Das bedeutet dagegen, dass Sie ihn ermutigen müssen, damit er in seiner Fähigkeit zu argumentieren und Probleme zu lösen, zu immer größerer Selbstachtung gelangt.

Die meisten Teenager können diese Selbstsicherheit und Selbstbestätigung nicht empfinden, ohne dass sie zuerst Versicherung und Zustimmung von ihren Eltern oder Bezugspersonen empfangen. Viele Eltern machen den Fehler, dass sie ihre Kinder nur korrigieren. Aber ein Teenager kann sich nur kompetent fühlen, wenn er Zustimmung, Aufwertung und Lob in gleichem Maße wie Korrektur erfährt.

Sie können Ihren Kindern diese unbezahlbaren Werte nur geben, wenn Sie sich geistig mit ihnen beschäftigen. Das heißt, Sie müssen mit ihnen jedes Thema diskutieren können, über das sie sprechen möchten. Sie müssen bereit sein, sich ihre Ideen anzuhören und ihnen bis zum Ende zuzuhören, ganz gleich, wie Sie selbst dazu stehen. Anstatt ihnen sofort ihre Fehler zu erklären und mit ihnen zu argumentieren, können Sie die Themen diskutieren, respektvoll und unter ernsthafter Betrachtung ihres Standpunktes, woraufhin Sie dann Ihren eigenen Standpunkt ruhig klar machen können. Eine solche Unterhaltung sollte sein wie zwischen guten Freunden. Wenn Sie das tun, geben Sie ihre elterliche Autorität keineswegs preis. Sie zeigen lediglich Respekt für die Denkweise Ihres Kindes. Sie lassen es wissen, dass seine Gedanken und Meinungen wichtig und wertvoll sind. Wenn Ihr Kind fühlt, dass Sie es lieben und respektieren, dann wird es allmählich einige Ihrer Meinungen und Werte in sein eigenes Denken aufnehmen.

Leider weigern sich zu viele Eltern, mit ihren Teenagern auf einer gleichberechtigten Basis miteinander zu reden. Stattdessen sprechen sie weiterhin mit ihren heranwachsenden Kindern herablassend, als wären sie noch kleine Kinder. Dadurch bekommen die Jugendlichen das Gefühl, dass ihre Meinungen unwichtig sind. Sie sind geistig nicht bestätigt. Sie fühlen sich von ihren Eltern nicht wirklich geliebt. Sie fühlen sich nicht respektiert, sind gekränkt und ärgerlich. Hinzu kommt die Tatsache, dass sie nicht gelernt haben, ob ihre Denkweise richtig oder falsch, logisch oder irrational ist. Sie haben keine Bestätigung von ihren Eltern darüber, ob ihre Ideen sinnvoll sind.

Die meisten Teenager wissen nicht, ob sie mit ihrer Meinung bezüglich bestimmter Themen Recht oder Unrecht haben. Das bringt sie dazu, die Meinungen anderer anzunehmen, die vielleicht nicht ihr Bestes wollen. Wenn sie ihrer Familie zu sehr entfremdet sind, um noch die Meinungen und Wertvorstellung der Eltern und anderer, dazu berechtigter Autoritätspersonen anzunehmen, fangen sie an, auf Menschen zu hören, die ihnen geistig, gefühlsmäßig, physisch oder seelisch Schaden zufügen wollen.

Sie müssen sich vergewissern, dass Ihr heranwachsendes Kind sich von Ihnen bedingungslos geliebt fühlt, indem Sie Augenkontakt, körperlichen Kontakt und gezielte Aufmerksamkeit bieten. Geben Sie ihm geistige Bestätigung, indem Sie zuhören und sorgfältig darauf achten, wie Ihr Kind denkt und wie es zu seinen Schlüssen kommt. Respektieren Sie es, indem Sie ihm Ihre Meinung mitteilen, ohne es zu kritisieren oder seine Denkweise herabzusetzen. Nur wenn Ihr Teenager sieht, dass Sie mit ihm wie mit einer verantwortungsbewussten Persönlichkeit mit eigenem Willen und geistiger Unabhängigkeit verkehren wollen, wird er Vertrauen in die eigene Fähigkeit gewinnen können, klar zu denken und wird zu geistiger Reife gelangen.

Wenn Sie die Meinungen Ihres Kindes kritisieren, wird es wahrscheinlich ärgerlich werden, vielleicht sogar bitter und wird eine ablehnende Haltung einnehmen. Und es wird dann eher trotzig sein und einer Meinungsänderung widerstreben. Wenn dies geschieht, so wird es unreife, selbstsüchtige und falsche Meinungen beibehalten und diese bis ins Erwachsenenleben hinüberschleppen. Wir alle kennen Erwachsene, die an falsche und seltsame Ideen glauben. Diese unglücklichen Menschen haben Schwierigkeiten, soziale, geistige oder seelische Beziehungen zu verstehen. Sie lassen sich leicht vor jeden Wagen spannen und halten oft an unrealistischen und feindseligen Meinungen fest.

Durch Beispiel erziehen

Als Vater habe ich mein gerütteltes Maß an Fehlern begangen. Das hat gewiss seine Vorteile als Verfasser dieses Buches, denn dadurch kann ich Ihnen anhand von Beispielen das verdeutlichen, was ich Ihnen mitteilen möchte. Lassen Sie mich Ihnen ein Beispiel nennen im Zusammenhang mit der geistigen Erziehung unseres Sohnes David. Ich glaubte, ich hätte die Situation richtig gehandhabt, als ich versuchte – ohne ihn zu kritisieren – ihm zu zeigen, wo sein Denken unlogisch und zu vereinfacht war, um ihm dann Wege einer reiferen Denkweise aufzuzeigen.

David weiß, welche Fernsehprogramme seine Mutter und ich für ihn für richtig halten und welche nicht, und gewöhnlich ist er ganz vernünftig und kommt unseren Wünschen hinsichtlich seines Fernsehkonsums nach. Eines Abends jedoch sah er ein Programm, das wir nicht mochten. Es hieß „Liebesboot". Als ich David daran erinnerte, dass ich nicht mochte, was er da sah, fragte er mich: „Warum nicht?" Und dann sagte er, er sähe nicht ein, warum er es nicht sehen sollte, weil das doch „niemandem schaden würde". Kommt Ihnen diese Argumentation nicht bekannt vor? Davids Erklärung ist ein Beispiel für den heutigen Zustand der Moral in unserer Gesellschaft: „Ich kann tun, was ich will – solange es niemand anderem schadet!" Aber diese Einstellung ist genau die, die Pat und ich in einigen Fernsehprogrammen so abstoßend finden, denn dahinter steckt eine raffinierte und gefährliche Philosophie, die sich in diesen Worten ausdrückt.

Es war sehr verführerisch für mich, David jetzt anzuschreien und ihn wegen seiner leichtsinnigen und unreifen Denkweise zu kritisieren. Aber Gott sei Dank erinnerte ich mich daran, dass er geistige Bestätigung braucht, und dass er dazu erzogen werden musste, reifer zu denken. Also sagte ich: „Ich verstehe, was du meinst, David, aber ich glaube, dass ‚Liebesboot' hedonistisch und narzisstisch ist." Dadurch gewann ich seine Aufmerksamkeit.

Er antwortete: „Was heißt denn das?"

Ich sagte: „Ich will dir was sagen, David. Wir wollen ein Wörterbuch holen und nachsehen, was diese Wörter bedeuten." (Übrigens, die Verwendung eines Lexikons hat mir immer sehr geholfen, meinen Kindern schwierige Begriffe zu erläutern.) Wir suchten zusammen die Wörter. Dann sprachen wir über die Bedeutung von „hedonistisch" und „narzisstisch", bis ich sicher sein konnte, dass er es verstanden hatte. Aber wie ein typischer Teenager in der Pubertät verstand David trotzdem nicht, was diese Begriffe mit dem wirklichen Leben zu tun hatten, selbst als er sie als Definitionen verstanden hatte. Ich sagte: „David, glaubst du, ein hedonistischer (genießerischer) und narzisstischer (exzentrischer) Mensch könnte ein guter Ehemann, eine gute Frau und Mutter oder Vater werden? Wie ist es mit deiner Mutter, ist sie egoistisch? Kümmert sie sich nur um ihre eigenen Interessen und hat wenig übrig für andere? Denkt sie etwa nur an ihr eigenes Vergnügen und nicht an das Wohlbefinden anderer?"

Damit hatte ich David endlich nachdenklich gemacht. Ihm fielen plötzlich all die Dinge ein, die seine liebende Mutter gerade an diesem Tag für ihn getan hatte, obwohl sie sich nicht wohl fühlte. Ich war hocherfreut, als David schließlich antwortete: „Das bedeutet also, dass ein egoistischer Mensch sich nur für sein eigenes Vergnügen interessiert, anstatt sich um andere Menschen zu kümmern." Dann sprachen David und ich darüber, wie der Fernsehfilm „Liebesboot" nur Einstellungen zeigte, die der Eigenliebe der Personen dienten. Sie hatten wenig für andere Menschen übrig.

Einen Teenager zu lehren, klar zu denken, ist schwierig, zeitraubend und ermüdend.

Aber wenn Sie bestimmte Streitfragen, wie die eben beschriebenen, nicht klären, werden solche Einstellungen Ihren Teenager in raffinierter Weise langsam immer mehr beeinflussen.

Seien Sie beständig

Ein Grund, warum Teenager bezüglich moralischer Streitfragen verwirrt sind, liegt darin, dass viele Eltern die Verantwortung nicht übernehmen wollen, ihre Kinder zu lehren, ihre eigenen Überzeugungen anzunehmen. Andere Eltern behaupten, an geistige Werte zu glauben, leben jedoch nicht danach. Viele Eltern, einschließlich der christlichen, haben Schwierigkeiten mit ihrem eigenen Verhalten. Der Anstieg von sexuellen Verfehlungen, Kindesmisshandlungen und Betrug ist alarmierend.

Nichts ist verwirrender für einen Teenager als die Gegensätzlichkeit im Leben von Eltern. Insbesondere was die Angelegenheiten betrifft, von denen Eltern behaupten, dass sie ihnen von hohem Wert seien und die sie dann mit Füßen treten. Wie können Eltern ihre heranwachsenden Kinder lehren, klar über moralische und geistige Werte zu denken, wenn ihr eigenes Leben die Ergebnisse klarer Denkweise nicht demonstriert? Ich glaube, dass das undisziplinierte Verhalten, welches das moralische Gefühl für unsere Gesellschaft zerstört, unbedingt bekämpft werden muss. Gewiss wird Gott viele Menschen, die sich selbst Christen nennen, wegen ihres Mangels an Disziplin und Selbstbeherrschung zur Rechenschaft ziehen.

Liebe Miteltern, lasst uns unser Leben in Ordnung halten und gegensätzliche Verhaltensweisen ausmerzen, damit wir uns immer so verhalten, wie Gott es von uns erwartet. Dann können wir die Versprechungen Gottes für unsere Kinder einfordern.

11. Wie Sie Ihrem Teenager geistliche Hilfe geben können

Die heutige Generation der Teenager wird oft die apathische Generation genannt. Leider sind viele unserer Jugendlichen wirklich apathisch, besonders was ihre Zukunft betrifft. Viele dieser jungen Menschen, die die Zukunft unseres Landes sind, besitzen nicht die Vitalität, Offenheit und den Eifer, den wir gerne in ihnen sähen.

Warum sind viele unserer Heranwachsenden so apathisch? Warum fehlt ihnen Initiative und Antrieb? Im Wesentlichen kommt es daher, dass sie wenig Hoffnung auf die Zukunft haben. Diese Hoffnungslosigkeit ist ernster zu nehmen, als die aggressiven und gewalttätigen Proteste der späten 60er Jahre. Obwohl die jungen Menschen jener Jahre einen Anlass hatten und in dem Kampf um ihre Sache oft fehlgelenkt waren, so hatten sie doch wenigstens einen Grund, der eine Hoffnung in sich barg. Eine Hoffnung auf ihr Land, auf ihre Lebensweise, und was am wichtigsten ist: Hoffnung auf sich selbst.

Dies können wir heute nicht sehen. Die vorherrschende Stimmung bei vielen jungen Leuten heute ist Hoffnungslosigkeit, Hilflosigkeit und manchmal sogar Verzweiflung. Als Eltern fragen wir uns, wie es zu dieser Situation gekommen sein mag. Es scheint, als ob vielen unserer geliebten Kinder das Herz aus dem Leib gerissen sei. Warum haben sie so wenig Hoffnung auf die Zukunft?

Es ist leicht, auf die bedrückenden Dinge dieser Welt hinzuweisen und auf nationale Ereignisse wie den Bürgerkrieg auf dem Balkan, den Terror, den Hunger in der Welt, die Umweltverschmutzung, Arbeitslosigkeit usw. Aber dies sind nicht die Ursachen für Hoffnungslosigkeit und Verzweiflung der Jugend.

Unsere Vorväter waren mit gleich schweren gefährlichen und frustrierenden Dingen in der Vergangenheit konfrontiert und hatten ebenso wenig Sicherheit. Sie hatten so schwere Zeiten durchzustehen wie die große Arbeitslosigkeit in den 20er Jahren, die Gaskammern von Auschwitz und die Schrecken des Zweiten Weltkrieges. Aber die jungen Menschen jener Zeit fühlten nicht die Hoffnungslosigkeit und Verzweiflung, die wir heute sehen.

Die Einstellungen und Stimmungen in der Jugend reflektieren die Einstellungen und Stimmungen der Erwachsenen. Manchmal steht die Jugend hinter ihren Eltern, besonders wenn die Sicherheit ihres Landes bedroht ist, oder auch nicht. Zu anderen Zeiten marschieren die jungen Leute gegen den Status quo, insbesondere wenn sie die Heuchelei dahinter erraten. Aber heute sehen wir weder pro noch contra, sondern eine lähmende Tatenlosigkeit. Was spiegelt sich in unserer Jugend von uns Erwachsenen wider? Es sind Depression, Trübsinn, Hoffnungslosigkeit und Verzweiflung. Wie kann ein Teenager positiv in einer solchen Atmosphäre reagieren? Ein Jugendlicher muss etwas Positives und Lohnendes im Leben sehen, um sich dafür einzusetzen. Leider haben Jugendliche wenig Geschichtsbewusstsein, so dass sie nicht zurückblicken und aus den Erfahrungen ihrer

Vorfahren lernen können. Sie sind auf die Gegenwart und die Zukunft fixiert. Daher bilden sie ihre Einstellungen und Stimmungen nach dem derzeit vorherrschenden Klima der Gegenwart und den vorherrschenden Einstellungen hinsichtlich der Zukunft.

Einer der Hauptgründe, warum unsere Teenager Probleme haben, zu positiven Einstellungen zu kommen, ist der, dass wir Erwachsenen an sie nicht jene Bestimmtheit, Hoffnung und Ermutigung weitergeben, die notwendig sind, um der Zukunft ins Auge zu sehen. Wir von der älteren Generation scheinen unseren jungen Leuten einige befremdliche und ungesunde Einstellungen zu bieten, die weitgehend unwahr sind und gewiss nicht dem Wort Gottes entsprechen.

Fast unmerklich nehmen wir Erwachsenen schnell eine Einstellung zum Leben an, die unheilvoll, zerstörerisch, nach rückwärts gerichtet und passiv ist. Wir haben es geschehen lassen, dass andere Menschen unsere Wertsysteme und Ansichten über das Leben bestimmen. Viele von uns glauben:

- *dass wir die erste Generation sind, die Krisen zu überstehen hat;*
- *dass die Welt irgendwie einmal schöner, besser und sicherer war, ehe die heutigen Probleme auftauchten;*
- *dass die Welt so schnell zugrunde geht, dass es hoffnungslos und närrisch ist, für die Zukunft zu planen oder sich vorzubereiten, da es vielleicht überhaupt keine Zukunft geben wird.*

Man kann mit Recht annehmen, dass ein Teenager, der wenig über die Geschichte der Menschheit und noch weniger über die großen Versprechen Gottes weiß, diesem erstickenden und hoffnungsraubenden Pessimismus erliegt. Wir sind Menschen geworden, deren Einstellungen und Wertsysteme zu leicht von anderen beeinflusst werden. Wir neigen zur Verzweiflung, wenn etwas nicht so gut ist, wie es einmal war, und ignorieren die Dinge, die gut sind. Wir vergessen, unsere Segnungen zu zählen. Ich habe Menschen in Verzweiflung über höchst unwesentliche Dinge gesehen. Andererseits neigen wir dazu, allzu positiv bei ebenso unwichtigen Ereignissen zu reagieren wie beim Kauf eines neuen Autos oder neuer Kleider. Warum sollten wir es für befremdlich halten, dass unsere Jugend so leicht durch Rockgruppen und Kulturen zu beeinflussen ist, wenn wir ebenso leicht durch das Fernsehen und besondere Interessengruppen beeinflusst werden?

Ich kann verstehen, wie ein ungläubiger Mensch zu dieser Desorientierung, Verwirrung und Verzweiflung kommt. Aber es fällt mir schwer zu verstehen, wie ein Christ in diese Falle der Hoffnungslosigkeit geraten kann. Und doch sehe ich so viele Christen, die pessimistischen Einflüssen nachgeben, und ich sehe, wie deren heranwachsende Kinder unfähig sind, jenen Frieden gebenden Anker zu finden oder die Hoffnung, die Christus für seine Nachfolger beabsichtigt hat.

Ich möchte, dass unsere Jugendlichen Botschaften der Hoffnung, der Ermutigung und der Herausforderung empfangen. Aber unsere Generation hat ganz allgemein den Kontakt mit ihrem geistigen Erbe verloren. Ja, wir haben neuartige Probleme. Aber so erging es auch unseren Großvätern und Großmüttern. Warum können wir unseren Krisen und Schwierigkeiten nicht ohne schlimme Vorahnungen, Depressionen und ohne Gefühle der Hoffnungslosigkeit und des Trübsinns entgegengehen?

Weltuntergang?

In schweren Zeiten haben manche religiösen Gruppen und Lehrer versucht, der Verantwortung durch ein Sich-Zurückziehen und das Warten auf den Jüngsten Tag zu entkommen. Anstatt Bibelstellen – wie es Gott beabsichtigt hatte – als Worte der Hoffnung und des Versprechens zu benutzen, haben diese selbst ernannten Propheten die Heilige Schrift dazu benutzt, einen bevorstehenden Weltuntergang zu verkünden. Ihre Botschaft ist die der Hoffnungslosigkeit: Das Ende kommt bald, also hat es keinen Sinn, unsere Probleme zu lösen oder Vorsorge für ein besseres Leben unserer Kinder zu treffen. Dies führt zu einem Zustand geistiger und gefühlsmäßiger Paralyse. Es ermutigt auch zu der Einstellung: „Iss und trink und sei lustig, denn morgen sind wir tot!"

Stellen Sie sich vor, Sie wären Teenager in einer solchen Atmosphäre. Zu einer Zeit, in der er sich für ein Leben der Erfüllung vorbereitet und seinen Beitrag in dieser Welt leisten soll, hat er den Eindruck, dass die allgemeine Einstellung darin besteht, aus dem heutigen Tag das Beste zu machen, denn morgen – selbst wenn es ein Morgen gibt – ist es vielleicht nicht mehr lebenswert. Solche Sorgen zerstören die Verantwortungsbereitschaft sowohl bei Jugendlichen als auch bei Erwachsenen. Nach der Lektüre eines Buches über die Endzeit gab eine Mutter zu: „Ich muss mich einfach fragen, warum ich meine Kinder großziehen soll oder warum ich versuchen soll, sie auf eine nicht existierende Zukunft vorzubereiten." Ein Mann, der ein anderes Weltuntergangsbuch gelesen hatte, sagte: „Am liebsten würde ich meinen Beruf aufgeben und davongehen. Warum weitermachen?"

Christus hat keinen Pessimismus gelehrt. Seine Botschaft ist die Botschaft der Hoffnung und der Freude. Als Christus von den letzten Tagen sprach, sagte er: „Von dem Tage aber und der Stunde weiß niemand, auch die Engel im Himmel nicht, auch der Sohn nicht, sondern allein der Vater. Sehet euch vor, wachet, denn ihr wisset nicht, wann die Zeit da ist." (Markus 13,32-33)

Wir müssen auf sein Kommen warten und beten. Wir blicken nicht pessimistisch in die Zukunft. Wir dürfen nicht aufgeben, unsere Werte an unsere Kinder weiterzureichen. Die Heilige Schrift ermutigt uns, fröhlich, optimistisch und hoffnungsvoll zu sein und das Beste anzunehmen.

Unser Glaube gibt Führung und hilft, unsere Probleme zu lösen und voller Vertrauen in die Zukunft zu blicken. Unsere Kinder spiegeln sonst unsere Depressionen, Verzweiflung und unseren Pessimismus wider, denn wir haben die Perspektive für unser geistiges Erbe verloren.

Wenn wir als Eltern das ganze Geschichtsbild erfassen können, so werden wir darin unseren Platz erkennen – einen Platz von größter Wichtigkeit und voller Erregung. Wir sind nur ein Kapitel in Gottes Plänen und in seinem Buch der Geschichte, denn seine Pläne und seine Geschichte hören niemals auf. Wenn unser Kapitel abgeschlossen ist, würde ich jedenfalls gerne zurückblicken und wissen, dass wir als sein Volk seinen Willen erfüllt haben und dass wir fest in unserem Glauben an ihn und an seine Göttlichkeit gestanden haben. Ich möchte ein gutes Gefühl haben, dass ich dem Druck der Welt nicht nachgegeben habe und unsere Möglichkeiten nicht für „Experimente" ausgenutzt habe auf Kosten des Opfers an gottgegebenen Rechten auf ein rechtes und gottgefälliges Leben. Ich möchte mit Paulus sagen können: „Ich habe den guten Kampf gekämpft, ich habe den Lauf vollendet, ich habe Glauben gehalten" (2. Timotheus 4,7).

Gott helfe uns, unseren Weg zu beenden und am Glauben festzuhalten, denn wenn wir das schaffen, wird unseren heranwachsenden Kindern mehr gegeben als auf irgendeine andere Art und Weise. Um aber unseren Kindern Hoffnung, Glauben und Optimismus zu geben, müssen wir es ihnen vorleben.

„Zeig mir, wie ich leben muss"

Einer der wichtigsten Rufe der Jugendlichen heute ist der an ihre Eltern, sie mit ethischen und moralischen Werten zu versorgen, an die sie sich halten können. Dies wird von den Jugendlichen auf vielfache Weise ausgedrückt. Ein Kind sagt, es möchte „einen

Standard, nach dem es leben kann". Ein anderer Teenager braucht einen „Sinn im Leben". Andere verzweifelte Jugendliche sehnen sich, „dass jemand ihnen zeigt, wie man leben muss" oder „etwas, woran man sich festhalten kann" oder „eine höhere Führung".

Von dieser Sehnsucht sind nicht nur ein paar verzweifelte Teenager getrieben, nein, es sind viele, die sich in dieser überaus wichtigen Zeit ihres Lebens mit der Sinnfrage auseinandersetzen. Leider ist es höchst ungewöhnlich, einen Teenager zu finden, der Sinn und Zweck im Leben spürt, der mit sich selbst in Frieden lebt und der eine gesunde Perspektive zu dem Leben in einer verwirrten, sich schnell verändernden und Furcht erregenden Welt hat.

Anfänglich richtet sich ein Kind nach seinen Eltern. Ob es ihm gelingt, diese Führung bei den Eltern zu finden, hängt von zwei Dingen ab: Ob seine Eltern für sich selbst die richtige Richtung gefunden haben und ob das Kind die elterlichen Werte anerkennen und zu seinen eigenen machen kann. Ein Kind, das nicht wirklich von seinen Eltern geliebt wird, wird es dabei schwer haben.

Wir wollen einmal die erste Forderung untersuchen, die darin besteht, einem jungen Menschen den Sinn im Leben zu bieten, den er so dringend braucht. Wir Eltern brauchen ein Fundament, auf dem wir unser Leben gründen und das dem Test der Zeit widersteht.

Ein Fundament, das uns in jedem Abschnitt unseres Lebens trägt durch die Bedürfnisse des Ehelebens, finanzielle Krisen, Probleme mit unseren Kindern, Zeiten der Schwäche und des Zusammenpralls mit einer sich verändernden Gesellschaft, wo geistige Normen schnell abnehmen. Wir Eltern müssen dieses Fundament besitzen, damit wir es an unsere eigenen Kinder weitergeben können.

Dieses kostbare, tröstende, Frieden spendende Vermögen, das jedes Herz braucht, ist eine Person. Er ist extrem persönlich, er kann mit anderen Menschen geteilt werden. Er gibt Stärke in Zeiten der Bedrängnis, bietet jedoch Trost in Zeiten der Traurigkeit. Er gibt uns Weisheit, wenn wir verwirrt sind, aber er korrigiert uns, wenn wir Fehler machen. Er gibt uns Hilfe, wenn wir sie brauchen, und seine Hilfe wird nie enden. Denn er führt uns beständig und steht „uns näher als ein Bruder".

Er gibt Befehle, die ausgeführt werden müssen, aber verspricht wunderbare Belohnung für Gehorsam. Manchmal erlaubt er Verlust, Verzweiflung und Schmerz. Aber er gibt uns immer etwas Besseres dafür. Er zwingt sich uns nicht auf, aber er wartet geduldig, bis wir ihn einladen, in unser Leben zu kommen. Er zwingt uns nicht unter seinen Willen, aber er ist sehr enttäuscht, wenn wir das Falsche tun. Er wünscht, dass wir ihn lieben, denn er hat uns zuerst geliebt, und er erlaubt uns aus freiem Willen, ihn zu wählen oder ihn abzulehnen. Er möchte für uns sorgen, aber er weigert sich, sich uns aufzuzwingen. Sein größter Wunsch ist, Vater zu sein, aber er wird uns nicht beunruhigen. Wenn wir das wollen, was er will – eine liebende, sorgende Vater-Kind-Beziehung mit ihm –, so müssen wir sein Angebot akzeptieren. Er ist zu rücksichtsvoll, uns zu zwingen. Er wartet auf dich und mich, dass wir seine Kinder werden. Natürlich haben Sie schon erraten, er muss ein persönlicher Gott sein.

Diese persönliche, intime Beziehung mit Gott durch seinen Sohn Jesus Christus ist das Wichtigste im Leben. Das ist das „Etwas", was unsere jungen Menschen sich als „Sinn des Lebens" ersehnen, als „etwas, womit man rechnen kann", „etwas, was Trost bringt, wenn alles auseinander zu fallen scheint". Es liegt alles darin.

Haben Sie dieses Etwas? Wenn nicht, suchen Sie Hilfe bei einem Geistlichen oder bei einem christlichen Freund.

Die zweite Forderung lautet, dass ein Kind sich mit seinen Eltern identifiziert, damit es deren Werte akzeptieren und übernehmen kann.

Sie werden sich erinnern, dass wir gesagt haben, ein Teenager, der sich nicht geliebt und akzeptiert fühlt, habe echte Schwierigkeiten, sich mit seinen Eltern zu identifizieren, und er neige dazu, auf elterliche Führung mit Wut, Abneigung und Feindseligkeit zu reagieren. Tatsächlich betrachtet er jede Aufforderung (oder jeden Befehl) der Eltern als Zumutung und lernt, sich zu widersetzen. In vielen Fällen lernt ein Teenager, jeden elterlichen Wunsch mit so viel Abscheu aufzunehmen, dass seine gesamte Einstellung zu elterlicher Autorität (und eventuell gegenüber jeder Autorität, auch der Autorität Gottes) dahin gerät, dass er immer das Gegenteil von dem tut, was man von ihm erwartet. Wenn ein solcher Grad an Entfremdung erreicht ist, wird es den Eltern fast ganz unmöglich werden, ihre eigenen moralischen und ethischen Wertvorstellungen an ihre Teenager weiterzugeben.

Damit ein Teenager sich mit seinen Eltern identifizieren kann, sich ihnen nahe fühlen kann und damit er ihre Normen annimmt, muss er sich wirklich von ihnen geliebt und akzeptiert fühlen. Um einen Teenager zu einer engen Beziehung mit Gott hinzuführen, müssen Eltern, wenn sie selbst diese Beziehung besitzen, alles tun, damit das Kind sich bedingungslos geliebt fühlt. Es ist außerordentlich schwierig für Jugendliche, die sich nicht bedingungslos von ihren Eltern geliebt fühlen, sich von Gott geliebt zu fühlen.

Religiöse Unterweisung

Denken Sie daran, dass ein Teenager gefühlsmäßig ein Kind ist und sehr viel mehr emotional als kognitiv reagiert. Er behält daher Gefühle viel eher als Tatsachen. Ein Kind kann sich viel eher daran erinnern, was es in einer besonderen Situation gefühlt hat, als an die Einzelheiten.

Ich will Ihnen ein passendes Beispiel geben. Ein Kind im Kindergottesdienst wird sich genau daran erinnern, wie es sich gefühlt hatte, lange nachdem es vergessen hat, was man ihm gesagt oder was man gelehrt hatte.

In gewisser Weise ist also sehr viel wichtiger, ob die Erfahrung eines Kindes angenehm oder unangenehm war als die Einzelheiten des Kindergottesdienstes selbst. Mit angenehm meine ich nicht, dass ein Pastor den Wunsch eines Kindes nach Spaß und Alberei erfüllen muss. Ich meine, dass der Pastor das Kind mit Respekt, Freundlichkeit und Anteilnahme behandeln und dafür sorgen muss, dass das Kind sich bei ihm wohl fühlt. Das Kind sollte nicht kritisiert, erniedrigt oder in anderer Weise herabgesetzt werden.

Wenn religiöse Unterweisung eine erniedrigende oder langweilige Erfahrung für einen jungen Menschen ist, so kann es leicht geschehen, dass er selbst die besten Veranstaltungen ablehnt, besonders wenn es um Moral und Ethik geht. Es sind solche Situationen, die dazu führen, dass ein Teenager gegen religiöse Dinge voreingenommen wird und dahin kommt, dass er die Leute der Gemeinde Jesu für Heuchler hält. Diese Einstellung kann man nur schwer korrigieren, und sie kann ein Leben lang andauern.

Wenn andererseits die Lernerfahrung angenehm war, so werden die Erinnerungen eines Teenagers an religiöse Dinge ebenfalls angenehm sein, und er kann sie dann in seine Persönlichkeit aufnehmen. Das Gefühlsleben und das geistige Leben sind nicht völlig voneinander verschieden. Das eine ist mit dem anderen ziemlich verwandt, und das eine hängt von dem anderen ab. Aus diesem Grunde müssen Eltern, die ihrem Kind geistig helfen wollen, ihm auch gefühlsmäßig nahe sein. Da ein Kind sich an Gefühle eher erinnert als an Tatsachen, muss es eine Reihe angenehmer Erinnerungen geben, innerhalb derer sich Tatsachen ansammeln lassen, insbesondere religiöse Tatsachen.

Die Einstellung Abwarten-und-Sehen

Ich möchte einmal eine weit verbreitete Fehlein-
stellung untersuchen, die etwa so lautet: „Ich möchte, dass mein Kind lernt, seine eigenen Entscheidungen zu treffen, wenn es mit den Dingen konfrontiert
worden ist. Es sollte nicht das Gefühl haben, es müsse das glauben, was ich glaube. Ich möchte ihm den
Unterschied verschiedener Religionen und Philoso-
phen beibringen. Wenn es erwachsen ist, kann es
dann besser seine eigene Entscheidung treffen."

Diese Eltern sind entweder feige oder ungeheuer
unwissend über die Welt, in der wir leben. Ein Kind,
das so erzogen worden ist, muss man bedauern.

Ohne ständige Führung und Darstellung der ethischen, moralischen und geistigen Werte wird es immer
verwirrter im Angesicht dieser Welt. Es gibt tatsächlich angemessene Antworten auf viele Fragen über
Konflikte dieses Lebens und offensichtliche Wider-
sprüche. Eine der schönsten Gaben, die Eltern einem Kind mitgeben können, ist ein klares Verständnis der Welt und ihrer verwirrenden Probleme. Ohne
diese solide Basis des Wissens und Verstehens ist es
da ein Wunder, wenn viele Kinder ihre Eltern anschreien: „Warum habt ihr mir nicht den Sinn von
diesem allem erklärt? Worum geht es hier
überhaupt?"

Ein weiterer Grund, warum dieses Abwarten-und-
Sehen im geistigen Leben sehr fahrlässig ist, ist die
Tatsache, dass mehr und mehr Organisationen und
Sekten zerstörerische, versklavende und unwahre
Antworten auf die Frage des Lebens bieten. Diesen
Leuten wäre nichts lieber, als einen Menschen zu fin-

den, der in einer so genannten großzügigen Geistes-
haltung aufgewachsen ist. Dieser Mensch ist ein leichtes Opfer für jede Gruppe, die konkrete Antworten
anbietet, gleich wie falsch oder bestrickend sie sind.
Es ist erstaunlich für mich, wie manche Eltern viel
Geld ausgeben können und alle möglichen Hebel in
Bewegung setzen, um sicherzustellen, dass ihr Kind
eine gute Schulbildung bekommt. Und doch wird
dieses Kind in seinem geistigen Kampf um die
Auffindung eines Sinnes im Leben allein gelassen und
kann ein leichtes Opfer für Sekten werden.

Bereiten Sie Ihr heranwachsendes Kind geistig vor
Wie können Eltern ihre heranwachsenden Kinder
geistig vorbereiten? Organisierte religiöse Unterweisung und Aktivitäten sind außerordentlich wichtig
für einen Teenager. Nichts beeinflusst jedoch einen
Teenager mehr, als sein Zuhause und was er dort erlebt. Eltern müssen aktiv am geistigen Wachstum
eines Teenagers beteiligt sein. Sie können es sich nicht
leisten, dies anderen zu überlassen, auch nicht einmal
hervorragenden Mitarbeitern der Kirche.

1. Eltern müssen ihre Teenager in die christliche Spi-
ritualität einführen. Sie müssen sie lehren, nicht nur
religiöse Tatsachen zu kennen, sondern auch, was
Glaube im Alltag bedeutet. Und dies ist nicht leicht.
Es ist ganz einfach, Teenagern grundsätzliche religiöse Fakten aus der Bibel mitzuteilen, wie z.B. wer die
verschiedenen Personen in der Bibel waren und was
sie taten. Dies ist jedoch nicht, was wir letzten En-

des anstreben. Denn wir möchten, dass die Jugendlichen verstehen, welche Bedeutung biblische Charaktere und Prinzipien für sie persönlich haben. Wir können dies jedoch nur tun, wenn wir selbst so etwas wie ein Opfer bringen durch gezielte Aufmerksamkeit. Wir müssen bereit sein, mit unseren Teenagern Zeit unter vier Augen zu verbringen, damit wir sie gefühlsmäßig ebenso wie geistig befriedigen können. Eigentlich sollte dies immer gleichzeitig geschehen.

2. Eltern müssen ihre eigenen religiösen und spirituellen Erfahrungen mitteilen.

Mit dem Tatsachenwissen, das sie in der Schule, in der Religionsstunde und zu Hause mitbekommen, haben Kinder nur das Rohmaterial für ihr geistiges Wachstum. Sie müssen lernen, dieses Wissen wirksam und präzise anzuwenden, damit sie geistig zu reifen Menschen werden. Damit ein Teenager dies erreichen kann, muss er Erfahrung darin haben, täglich mit Gott umzugehen, und muss lernen, sich persönlich auf ihn zu verlassen.

Die beste Art, wie man einem Teenager helfen kann, ist, dass man sein eigenes geistiges Leben mit ihm teilt. Wenn ein Teenager heranwächst, müssen wir Eltern ihm allmählich immer häufiger erzählen, wie es um unsere Liebe zu Gott steht. Wie wir mit ihm gehen, uns auf ihn verlassen, seine Führung und seine Hilfe suchen, ihm danken für seine Liebe, seine Sorge und Gaben und seine erfüllten Gebete.

Wir müssen dies unseren Teenagern mitteilen, sobald sie geschehen, nicht erst danach. Nur auf diese

Weise kann ein Teenager seine Ausbildung in der Praxis bekommen. Frühere Erfahrungen mitzuteilen, bedeutet nur zusätzliche faktische Information. Das heißt, ein Teenager lernt damit aus eigener Erfahrung. Es steckt viel Wahrheit in dem alten Sprichwort „Erfahrung ist der beste Lehrer". Lassen Sie Ihr Kind an Ihren Erfahrungen teilhaben. Je mehr ein Teenager lernt, Gott zu vertrauen, umso gefestigter wird er werden. Ihr Teenager muss lernen, wie Gott alle persönlichen und familiären Bedürfnisse erfüllt, einschließlich der finanziellen. Er muss wissen, warum seine Eltern beten. Er muss etwa wissen, wenn sie um die Erfüllung der Bedürfnisse anderer beten. Wo es angebracht ist, sollte er Probleme kennen, für die sie um Gottes Hilfe bitten. Vergessen Sie nicht, ihn darüber auf dem Laufenden zu halten, wie Gott in Ihrem Leben tätig ist und wie sehr er Sie dazu benutzt, anderen geistig zu helfen. Und natürlich sollte Ihr Teenager wissen, dass Sie für ihn und um die Erfüllung seiner besonderen Bedürfnisse beten.

3. Eltern sollten Beispiele für das Vergeben sein.

Ein Teenager muss durch Beispiele lernen, wie man vergibt und wie man Vergeben findet, sowohl von Gott als auch von den Menschen. Eltern tun dies zuallererst, indem sie vergeben. Dann, wenn sie einen Fehler machen, der einen Teenager gekränkt hat, geben sie den Fehler zu, entschuldigen sich und bitten um Vergebung. Ich kann nicht genug betonen, wie wichtig dies ist. Es gibt heutzutage so viele Menschen mit Schuldkomplexen. Sie können nicht vergeben und/oder sie können nicht empfinden, dass ihnen vergeben wird. Was kann schlimmer sein? Der glückliche Mensch aber, der gelernt hat, demjenigen zu vergeben, der ihn gekränkt hat und der in der Lage ist, um Vergebung zu bitten und diese zu empfangen, demonstriert das Kennzeichen seelischer Gesundheit.

Balkonmenschen

Mein Pastor erzählte mir eine Geschichte über einen seiner Freunde. Und da es damit zu tun hat, wie wir mit unseren Teenagern umgehen, will ich sie Ihnen erzählen. Sein Freund sagte, wenn er versuchte, gegen seine eigenen Schwächen und seine Verzweiflung anzukämpfen, so pflegte er die „Balkonmenschen" zu seinen „Kellerstimmen" sprechen zu lassen.

Die Kellerstimmen in jedem von uns kommen aus den Tiefen unseres Lebens. Manchmal sind es Impulse und Begierden, die wir normalerweise mit dem Tierreich verbinden – Jähzorn, Überkochen und Rachegefühle.

Aber die Kellerstimmen reichen über emotionale oder physische Reaktionen hinaus. Sie kommen aus der dunklen Seite unseres Selbst – eine dunkle Seite, die die meisten Leute selten sehen. Der Keller ist da, wo sich unsere Gefühle des Hasses, der Begierde, des Stolzes, der Lust und der Zerstörung bilden. Und wehe dem, der die Macht dieses Bereiches nicht erkennt!

Die Kellerstimmen kommen auch von denen um uns herum, die wegen ihres geringen Selbstbewusstseins, ihrer Schuldgefühle oder aufgestauter Feindseligkeit uns herabsetzen, uns sagen, wie schlecht die Welt ist und wie schlecht wir sind. Wenn wir es zulassen, so können diese Kellerstimmen uns in Verzweiflung und Hoffnungslosigkeit treiben.

Aber Pastor Jordans Freund erzählte zum Glück auch von seinen Balkonmenschen. Dies sind die Menschen, lebend oder tot, die uns mit ihrer Liebe, ihrem Glauben, ihrer Hoffnung und ihrem Mut erhoben haben.

Wir alle brauchen Balkonmenschen, die uns zeigen, dass wir über den kleinlichen und abstoßenden Ebenen des Lebens leben können. Dass wir nicht im Negativen und in der Verzweiflung verweilen müssen. Dass wir nicht unbedingt zulassen müssen, dass unsere inneren Konflikte unser Leben verwüsten. Dass wir siegreich bleiben können. Die Balkonmenschen sprechen zu uns ebenso durch ihre Reden wie durch ihr Dasein.

Einige der Balkonmenschen in der Heiligen Schrift sind für uns wunderbar im Hebräerbrief zusammengefasst. Durch einen namentlichen Aufruf von Menschen, die bewiesen hatten, dass der Glaube tätig sein kann und dass das Leben Bedeutung und Zweck zu jedem Zeitpunkt der Geschichte hat. Die meisten von uns lernen aus eigener Erfahrung. Aber ein Mensch muss schon recht klug sein, um aus der Erfahrung anderer zu lernen. Wir haben den großen Vorteil, unsere Balkonmenschen uns davor bewahren zu lassen, dass wir unnötige Fehler machen und in Konflikte geraten, und sie können uns in der Hoffnung aufrichten.

Wir sollten vielleicht einmal daran denken, unser

eigenes „Elftes Kapitel des Hebräerbriefes" zu schreiben, indem wir auf unsere eigenen Balkonmenschen hören. Ist Ihnen klar, dass wir mehr Balkonmenschen haben, von denen wir lernen können, als irgendein Volk vor uns in der Geschichte?

Aus unserer Liste sollten wir eine Auswahl einiger Balkonmenschen treffen, die heute noch leben oder vor denen wir uns von Zeit zur Zeit verneigen können. Dies sind Menschen, denen wir unbedingt vertrauen und die wir bewundern können und denen wir unsere Schwächen offenbaren können, wissend, dass wir trotzdem geliebt werden. Dies ist ein Teil dessen, worum es der Kirche Christi geht.

Unsere Teenager brauchen Balkonmenschen, um ihnen Hoffnung zu geben. Sie hören mehr als genug Kellerstimmen. Wir müssen für unsere kostbare Jugend Balkonmenschen sein. Aber wir müssen daran arbeiten – dürfen keinen Trübsinn und keine Weltuntergangstimmung verbreiten. Und wie empfindlich sind doch unsere Teenager dem Pessimismus gegenüber, besonders von Seiten ihrer Eltern. Wir dürfen in die Verzweiflung unserer Tage nicht eintauchen. Haben Sie das „Elfte Kapitel Hebräer" gelesen? Nein? Dann tun Sie es schnell! – Es bringt Hoffnung, die man nicht zerstören kann.

Gott gibt uns Hoffnung. Hoffnung ist kein Wunschdenken. Hoffnung ist das Wissen, dass die wunderbaren Versprechen Gottes wahr sind. Es gibt Tausende von Versprechen, die Gott uns gemacht hat. Lesen Sie sie einmal für sich durch. Beginnen Sie mit Römer 8,28: „Wir wissen aber, dass denen, die Gott lieben, alle Dinge zum Besten dienen, denen, die nach dem Vorsatz berufen sind." Oder Jeremia 29,11: „Denn ich weiß wohl, was ich für Gedanken über euch habe, spricht der Herr: Gedanken des Friedens und nicht des Leides, dass ich euch gebe das Ende, des ihr wartet."

Oder betrachten Sie Jesaja 41,10: „Fürchte dich nicht, ich bin mit dir, weiche nicht, denn ich bin dein Gott, ich stärke dich, ich helfe dir auf, ich halte dich durch die rechte Hand meiner Gerechtigkeit."

Oder sehen Sie sich Psalm 34, Vers 19 an: „Der Herr ist nahe denen, die zerbrochenen Herzens sind, und hilft denen, die ein zerschlagenes Gemüt haben."

Christliche Hoffnung

In unserem Lande muss unbedingt die Hoffnung wieder neu gelernt werden. Unsere jungen Leute brauchen Hoffnung, um einer ungewissen Zukunft entgegenzusehen. Ich weiß, dass die Situation im Augenblick nicht gerade rosig aussieht. Aber wenn wir, wie in früheren Generationen, unserer Jugend geben, was sie braucht, um der Zukunft zu begegnen, dann wird sie vorbereitet sein und wird gedeihen. Wir müssen ihr Vertrauen geben, Mut, moralische Stärke und ein Verantwortungsgefühl. Aber wir können ihr diese kostbaren Werte nicht ohne Hoffnung weitergeben: Das sichere Wissen, dass Gott existiert, dass er uns liebt und dass seine Versprechen wahr sind.

Mein Pastor erzählte mir von einem Mann, den er regelmäßig besucht. Dieser Mann hat viele körperliche Beschwerden und schließlich mussten ihm beide Beine abgenommen werden. Pastor Jordan meinte, dass ihm dies sicherlich seine fröhliche und optimistische Einstellung zum Leben zerstören würde. Aber dies geschah nicht. Dieser Mann schwang sich mit einer Trapezvorrichtung aus seinem Bett in einen Rollstuhl und rollte sich hinunter in den Aufenthaltsraum des sehr deprimierenden Pflegeheims, in dem er lebte. Dort pflegte er Klavier zu spielen und zu singen, bis viele andere mit ihm einstimmten. In den letzten Jahren seines Lebens war er die Quelle der Hoffnung und Freude für viele Menschen.

Christliche Hoffnung hängt nicht davon ab, was die Welt uns tut. Sie hängt davon ab, was wir in der Welt tun, wenn wir so leben, dass wir die große Liebe, die Gott für uns hat, widerspiegeln.

Liebe Miteltern, es ist schwer, heute ein Balkonmensch zu sein. Ich weiß es. Aber ich garantiere Ihnen, dass es sich wirklich lohnt. Denn es ist, als ob man einer durch Dürre vertrockneten Erde Wasser gibt. Und was das Beste ist, wir geben unseren Teenagern, was sie brauchen, damit sie selbst Balkonmenschen werden.

Von Natur aus bin ich nicht so sehr ein Balkonmensch wie meine Frau. Und es ist für mich eine große Freude zu sehen, wie meine Tochter in die Fußstapfen ihrer Mutter tritt. Auch sie ist ein Balkonmensch. Wie ich das bewundere und wie ich versuche, auch so zu werden!

Wir wollen zusammenhalten, Miteltern. Indem wir jeden Tag daran arbeiten, werden wir allmählich mehr und mehr wie Jesus Christus werden – der der größte „Balkonmensch" aller Zeit war...

12. Der ältere Jugendliche

Auch wenn Jugendliche sich dem Augenblick der normalen Trennung vom Elternhaus nähern, brauchen diese noch immer ihre Eltern, die ihnen helfen müssen, diese schwierige Phase des Übergangs in das Erwachsenenleben zu bewältigen. Im Gegensatz zu dem, was viele Eltern annehmen, ist dieser Übergang nicht gleichbedeutend mit einer bestandenen Hochschulreifeprüfung und auch nicht mit dem Weggang von zu Hause.

Der Übergang ins Erwachsenenalter muss ein allmählicher Entwöhnungsprozess sein, auf den sich Eltern und Jugendliche vorbereiten.

Ihr erster Schritt bei der Vorbereitung auf diesen Wechsel besteht darin, dass Sie sich vergewissern müssen, ob Ihr Kind gelernt hat, ein unabhängiges Leben zu führen. Vielleicht hat es ein paar Probeläufe gegeben, als Ihr Kind für kurze Zeit einmal von zu Hause weg war, zum Beispiel Ferienlager und Besuche bei Verwandten. Jetzt aber müssen Sie die Selbstsicherheit Ihres Teenagers vergrößern, indem Sie sich vergewissern, dass er wirklich für sich sorgen kann. Kann er selbst seine Wäsche waschen? Kann er für sich abwechslungsreiche Mahlzeiten zubereiten und kochen? Kann er alle notwendigen Maßnahmen eines unabhängigen Lebens treffen? Diese Bedürfnisse werden im Allgemeinen übersehen, besonders bei Jungen. Ich habe viele Beispiele gesehen, bei denen ein Junge, der zum ersten Mal allein lebte, immer wieder das gleiche ungesunde, kohlehydrathaltige Essen kochte, bis er an Vitaminmangel litt und anfällig für Krankheiten wurde.

Bis Ihr Kind unabhängig geworden ist, sollte es gelernt haben, allein mit seinem Geld zurechtzukommen. Das heißt, es muss sein Geld einteilen und ein Scheckheft führen können. Solche Dinge scheinen ganz alltäglich und trivial zu sein. Aber viele Erwachsene können kein Konto unterhalten und noch viel weniger im Umgang mit Geld Disziplin bewahren. Es braucht seine Zeit, bis Ihr Teenager gelernt hat, seine Angelegenheiten zu regeln. Es geschieht niemals von allein.

Ich bin zum Beispiel immer wieder erstaunt, wie viele Universitätsstudenten nicht einmal morgens allein aufstehen und rechtzeitig zum Unterricht kommen können. Selbstdisziplin lernt man am besten, bevor man sein Elternhaus verlässt. Nur selten ist es später ausreichend zu lernen. Lebensgewohnheiten werden gewöhnlich während der späteren Pubertät geformt. Obwohl die meisten Charakterzüge des Jugendlichen für sein Erwachsenenalter teilweise bereits gebildet sind, kann man sie noch ändern. Sowohl Eltern als auch Teenager sollten die Zeit nutzen, um wichtige Charaktereigenschaften zu fördern und wenn möglich, weniger wünschenswerte zu modifizieren.

Zielstrebigkeit

Einer der wichtigsten Aspekte in der Persönlichkeit eines Teenagers ist sein Grad an Zielstrebigkeit. Niemand, und besonders kein Teenager, ist im Bereich der Zielstrebigkeit vollkommen ausgeglichen. Manche Menschen sind zu zielstrebig und bringen fast jedes Opfer, um das zu erreichen, was sie möchten – gute Noten, einen akademischen Titel, Geld – unter Ausschluss fast aller anderen gleichfalls wichtigen Dinge wie Spaß, Entspannung und persönliche Beziehung. Ein Mensch, der zu zielstrebig ist, neigt zum Perfektionismus, zu harten Urteilen, starren Denkweisen, zur Überheblichkeit und Verkrampfung. Außerdem nimmt er die Dinge zu ernst und zu persönlich. Viele Menschen, die dieses Buch lesen werden, werden zu dieser Kategorie gehören, genauso wie ich.

Es ist schön, zielstrebig und gewissenhaft zu sein. Aber Menschen, die dies zu sehr sind, neigen dazu, das Leben als Schinderei mit wenig Vergnügen zu sehen. Sie werden auch immer mehr zu Depressionen neigen, wenn sie älter werden, insbesondere in ihren mittleren Jahren. Sie haben das Streben nach Zielen zu ihrem Lebensinhalt gemacht. Wenn sie diese Ziele dann erreicht haben, fragen sie sich, welcher Sinn ihrem Leben noch verbleibt. Wenn sie ihre Ziele nicht erreichen, sehen sie genauso wenig Sinn im Leben. Wenn Ihr Kind im späteren jugendlichen Alter solche Charakterzüge zeigt, können Sie ihm enorm helfen, indem Sie es lehren, Sinn in angenehmen Hobbys und anderen Arten der Entspannung zu finden und insbesondere den enormen Wert von Freunden und persönlichen Beziehungen schätzen zu lernen.

Es ist noch immer relativ leicht für einen älteren Jugendlichen, sich zu ändern. Aber, je älter ein Mensch wird, umso schwerer ist es, sich zu ändern. Je perfektionistischer und zielstrebiger ein Erwachsener ist, umso mehr ist er der Gefahr ausgesetzt, langweilig, depressiv, starr und unangenehm im Alter zu werden. Ich erinnere mich an zwei Menschen, die in diesem Bereich starke Gegensätze darstellten. Ich sah kürzlich einen 67-jährigen Mann, der ein harter Arbeiter gewesen war und fast seine ganze Kraft seinem Beruf gewidmet hatte. Er räumte der Familie wenig Zeit ein, pflegte wenig Freundschaften und war ein ziemlicher Perfektionist. Sein Leben war einigermaßen befriedigend, bis zu seiner Pensionierung. Ohne sein Ziel, nämlich harte Arbeit, verlor er zum größten Teil das Gefühl für den Sinn seines Lebens, und er wurde schnell sehr deprimiert. Als ich ihn sah, starrte er vor sich hin, als befände er sich in einer Trance. Er konnte sich kaum bewegen und saß so meist Tag für Tag da, bis seine Familie ihn zur Behandlung zu mir brachte.

Das genaue Gegenteil ist unsere liebe Nachbarin, eine Witwe. Sie hat ein erfülltes Leben hinter sich und beschäftigt sich noch immer mit vielen Projekten. Und doch hat sie immer Menschen geliebt und enge Beziehungen gepflegt. Die Menschen fühlen sich wohl, wenn sie in ihrer Nähe sind.

Welch ein Unterschied! Der Mann war zu perfektionistisch und zielstrebig gewesen. Unsere Nachbarin hat ein wunderbares Gleichgewicht gefunden. Es ist wichtig zu merken, dass die persönlichen Eigenschaften dieser Menschen schon in der späteren Jugend vorhanden waren und sich über die Jahre lediglich noch verstärkt hatten.

Je mehr ein Jugendlicher die Bedeutung und den Wert menschlicher Beziehungen sieht, umso eher wird er sich zu einem angenehmen und sympathischen Menschen entwickeln, der die Schläge des Lebens ertragen kann, ohne in lähmende Depression zu fallen. Der Schlüssel dazu heißt Gleichgewicht. Sie müssen dafür sorgen, dass Ihr älterer Jugendlicher den notwendigen Grad an Zielstrebigkeit besitzt, damit er ein erfülltes Leben leben kann. Sie müssen aber auch dafür sorgen, dass er personenorientiert ist, damit er wirklich sinnvolle persönliche Beziehungen unterhalten kann, z.B. mit dem Ehegatten, den Verwandten, den Freunden.

Meine geliebte Tochter Carey und ich haben in diesem Sinne lange Diskussionen geführt, ehe sie zur Universität ging. Ich betonte die Wichtigkeit von Freundschaften, die sie in der höheren Schule geknüpft hatte. Das sind wirklich besondere Freundschaften, die man, wenn irgend möglich, über die Jahre aufrechterhalten sollte. Ich empfahl ihr, ein Notizbuch mit den Namen und Adressen eines jeden bedeutenden Freundes zu führen, den sie kennen lernte, damit sie mit diesen Freunden über die Jahre hin Kontakt halten könnte.

Obwohl wir enge Freundschaften auch nach unseren Schuljahren schließen können, ist es doch etwas Besonderes mit Freunden aus Ober- und Hochschulen. Das sind Menschen, die wir meist noch nach vielen Jahren aufsuchen können und mit denen wir dann sofort Kontakt bekommen. Es ist, als ob das Gespräch einfach dort wieder aufgenommen würde, wo man es einmal in jenen guten alten Tagen abgebrochen hatte. Die Würdigung von Freunden ist besonders wichtig für den älteren Jugendlichen, der so zielstrebig ist, dass er dazu neigt, Freundschaften unterzubewerten.

Jedoch kann Ihr Kind genau umgekehrt orientiert sein. Es kann sein, dass es mehr dazu neigt, sich zu entspannen, Spaß zu haben, das Leben zu genießen und die Verantwortung so lange wie möglich hinauszuzögern. Wie Ihnen die Vernunft sagen wird, müssen diese Charaktereigenschaften erkannt und von der frühesten Jugend an bearbeitet werden.

Es kann sein, dass Sie einen Teenager haben, der in der Lage ist, gute Noten zu erzielen, aber der so viel Spaß an Aktivitäten und Freunden hat, dass er sich seinen Studien nicht genügend widmet. Es ist angebracht, dieses Problem direkt anzupacken, sofern Ihr Kind nicht ganz besonders passiv-aggressiv ist. Wenn Sie es nicht gerade mit einem Problem der Wut zu tun haben, können Sie Ihrem Teenager helfen, das richtige Gleichgewicht zwischen Spaß haben und Verantwortung tragen zu finden. Wenn Sie Ihre Aufgabe als Eltern erfüllt und dafür gesorgt haben, dass Ihr Teenager sich bedingungslos geliebt fühlt, dann haben Sie jedes Recht und jede Pflicht, Ihren Teenager direkt zu zwingen, die richtige Menge an Verantwortung zu übernehmen und richtig zielstrebig zu werden.

Das erinnert mich an eine Erfahrung mit meinem Sohn David, als er 13 Jahre alt war. Er war in der Lage, gute Noten zu erringen und hat dies auch getan, bis er etwa in die siebte Klasse kam, als er sich so mit Fußball und Freunden engagierte, dass er nur noch Vieren im Zeugnis hatte. Da wir wussten, dass er viel Besseres leisten konnte, und weil wir sahen, wie sehr er immer mehr dem Spaß und den Albernheiten sowie zu viel Kontakt mit Gleichaltrigen zuneigte, wussten Pat und ich, dass wir etwas zu ändern hatten. Wir erfanden ein System, wobei wir jeden von Davids Lehrern baten, seine Leistungen wöchentlich zu benoten. Wir sagten zu David, dass jedes Mal, wenn er eine Vier nach Hause brächte, der Sport in der kommenden Woche gestrichen würde. Richtlinien für sein Lernverhalten wurden erarbeitet und durchgesetzt. Das nächste Zeugnis enthielt lauter Einser und Zweier, und darüber hinaus hatte sich Davids ganze Einstellung zum Lernen geändert. Er freute sich wirklich über seinen Erfolg und bedurfte von da an keiner Aufforderung mehr von uns.

Gelegentlich bekommt ein älterer Teenager eine negative Einstellung zum Lernen, wenn es auf das Abitur zugeht. Dies passiert oft einem Jugendlichen, der früher Lernschwierigkeiten oder Aufnahmeprobleme hatte, und dies kann zu Konflikten mit den Eltern führen, die größere Erwartungen für seine akademische Zukunft haben. Diese Situation muss getrennt beurteilt werden. Ich habe erlebt, wie viele Beispiele dieser Art dadurch gelöst wurden, indem man den Jugendlichen ermutigte, noch ein oder zwei Jahre Arbeit oder den Militärdienst zwischen Abitur und Studium einzulegen. Oft gibt diese Zeitspanne dem Jugendlichen Zeit und Erfahrung, die er braucht, um zu reifen, ruhiger zu werden und sich beruflich und gesellschaftlich auf vieles zu orientieren.

Vorbereitung auf das wirkliche Leben

Eines der schwierigsten Probleme, vor die wir Eltern heutzutage gestellt sind, ist die Vorbereitung unserer Kinder auf das Leben mit seinen Alkohol- und Drogenproblemen, sexueller Freizügigkeit, Verfallen der geistigen Werte und der allgemeinen Einstellung der Wurstigkeit oder des Egoismus.

Es ist ein schwieriges Thema, selbst wenn man darüber schreibt; denn es ist so widersprüchlich. Ich glaube, dass es ein schrecklicher Fehler ist, seine Kinder vollständig von der Welt zu isolieren, wie sie nun einmal ist. Aber ich habe viele Eltern erlebt, die genau dies tun. Natürlich müssen sie eines Tages ihre Söhne und Töchter aus dem Hause gehen lassen. Wenn ihre Kinder nicht gelernt haben, mit dem Druck dieses Lebens zurechtzukommen, solange sie noch zu Hause waren, wie können sie mit dem wirklichen Leben zurechtkommen, wenn sie allein sind?

Während Ihr Teenager noch zu Hause lebt, im Hafen der Sicherheit und Anleitung, muss er diesen Problembereichen in gewissem Maße unter Kontrolle ausgesetzt werden. Natürlich meine ich nicht damit die Ermutigung oder Erlaubnis, sich „auszuleben" um der Erfahrung willen. Ich meine, Sie sollen Ihren Teenager trainieren, damit er mit dem wirklichen Leben umgehen kann, und Sie sollen ihm Rechte einräumen auf der Basis von Vertrauen und als Folge von Verhaltensweisen und Angemessenheit der gesellschaftlichen Gelegenheit. Diese Vorrechte müssen in ihrem Fortgang so kontrolliert werden, dass Sie Ihrem Teenager helfen können, verschiedene Begegnungen zu verarbeiten, wie sie kommen. Er muss gut trainiert sein, mit den meisten Lebenssituationen zurechtzukommen. Das heißt natürlich nicht, dass er an unguten Aktivitäten teilhaben soll. Er sollte vielmehr lernen, mit sich selbst in einer reifen Art und Weise umzugehen, und sollte fest dazu stehen, von den ungesunden Aspekten des heutigen Gesellschaftslebens unberührt zu bleiben. Um eine solche Reife bei Ihrem Teenager zu erreichen, bedarf es der Zeit, der Vorbereitung, der Unterweisung, Überzeugung und Selbstbeherrschung Ihrerseits.

Einer der schlimmsten Fehler, den Sie machen können, besteht darin, anzunehmen, dass die Schule, die Gemeinde oder andere Organisationen diesen Teil der Entwicklung Ihres Kindes für Sie übernehmen werden. Der Vater oder die Mutter haben die größte Wirkung auf den Teenager, insbesondere was die Werte und den Lebensstil betrifft. Schulen und Kirchen können zwar helfen, aber ohne dieses primäre Arrangement der Eltern wird sich der Teenager gewöhnlich schwer zurechtfinden. Ein Kind ohne Vorbereitung auf das Leben aus dem Elternhaus zu schicken bedeutet, sich aus seiner elterlichen Verantwortung wegstehlen. Ich habe viele Teenager gesehen, die sich zu Hause offenbar gut benommen haben und verrückt spielten, sobald sie der Kontrolle ihrer Eltern entzogen wurden. Sie haben nie die notwendige Selbstkontrolle gelernt, um mit der Unabhängigkeit und der Freiheit umzugehen.

Um diese Katastrophe zu verhindern, müssen Sie mit Ihrem Kind arbeiten, während es unabhängig wird. Sie müssen dafür sorgen, dass Ihr Kind einsieht, dass Sie mit ihm zusammenarbeiten und nicht gegen es, um seine Unabhängigkeit und seine Freiheit zu sichern. Dabei müssen Sie vorsichtig sein, mehr Vertrauen als Konsequenzen einzusetzen. In den wenigen Monaten bevor der Jugendliche sein Elternhaus verlässt, können Sie seine Rechte ähnlich denen ausweiten, die er haben wird, wenn er allein in einer Wohnung oder in einem Studentenheim leben wird. Sie trainieren dadurch Ihren Teenager darin, zurechtzukommen, indem er Selbstbeherrschung und Verantwortungsbewusstsein anwendet, auch wenn wenig oder keine Aufsicht da ist.

Dieses Training ist schwer für Eltern. Nach Jahren sorgfältiger Erziehung und Überwachung unserer Kinder müssen wir lernen, unsere Lieben gehen zu lassen, und dies ist eine Furcht erregende Erfahrung. Aber es ist so viel leichter und so viel konstruktiver, zu Hause mit sorgfältiger Planung und allmählich damit zu beginnen, indem man mit seinem Kind als Team zusammenarbeitet, um dies zu erreichen. Dies bedeutet, allmählich so viele Vorschriften wie möglich zu entfernen, unseren Teenager ein paar Wochen oder Monate der Erfahrung mit der Unabhängigkeit zu gewähren in einer Art, die für einen Jugendlichen angemessen ist, der im Begriff ist, sein Elternhaus zu verlassen. Wir müssen hier vorsichtig sein. Wenn wir unsere Aufgabe in der Erziehung unserer Teenager erfüllt haben, so werden diese sich gut in der Hand haben.

Aber es gibt ein paar sehr weit verbreitete Konflikte, die oft entstehen und die für den Rest der Familie störend sein können – wie zum Beispiel spät nach Hause kommen und andere Familienmitglieder kränken. Oder Rücksichtslosigkeit den anderen Mitgliedern des Haushalts gegenüber durch Verheimlichung, wo man sich befindet, insbesondere zu Essenszeiten. Oder wenn ein übertragener Auftrag nicht erfüllt wurde – oder wenn man nicht erscheint, wo und wann man erwartet wird. Wenn ein solches Verhalten andauert, müssen Eltern zu der Maßnahme greifen, dass sie Vorteile von Vertrauen und Folgen von Verhalten abhängig machen, da der Jugendliche nicht bereit ist, volle Verantwortung zu übernehmen.

Sicherheit

Obwohl unsere Teenager mehr und mehr dem Erwachsenenalter nahe sind, haben sich ihre emotionalen Bedürfnisse seit der Kindheit wenig verändert. Selbst in diesem Stadium noch müssen sie wissen, dass wir sie wirklich lieben, dass wir für sie da sind und dass wir ihnen in jeder Weise zu ihrem eigenen Besten helfen werden, soweit wir es können. Solange sie das Gefühl haben, dass wir sie wirklich mögen, können wir weiterhin konstruktiven Einfluss auf sie nehmen und ihnen helfen, die Unabhängigkeit zu erreichen.

Ein Problem für viele Eltern ist zu diesem Zeitpunkt der alte Feind: die Wut. Einige Eltern, die mit der Wut gut zurechtkamen, als ihre Kinder noch jünger waren, haben echte Probleme, sie an diesem kritischen Punkt zu bewältigen. Wir müssen uns daran erinnern, dass diese endgültige Trennung für unsere Teenager schwer ist. Es ist ein langer Entwöhnungsprozess, während dem wir immer zur Verfügung stehen müssen, um Halt und Hilfe zu gewähren. Haben Sie jemals beobachtet, wie ein Muttervogel sein Junges aus dem Nest stößt, wenn die Zeit gekommen ist? Ich beobachtete kürzlich mehrere Schwalbennester, wo die Mütter diese schwierige Aufgabe erfüllten. Einige der jungen Vögel flogen los, ohne Schwierigkeit. Andere hatten Schwierigkeiten mit dem Fliegenlernen, und Mutter und Vater waren da, ihnen dabei zu helfen. Dann geschah es. Ein junger Vogel versuchte krampfhaft zu fliegen, aber fiel durch die Luft. Ein herzzerreißender dumpfer Aufschlag bewies uns die Tragödie – er war noch nicht für den Abflug reif und die Eltern waren nicht da, um ihm in der letzten Phase zu helfen.

Selbst nachdem unsere jungen Menschen ihr Elternhaus verlassen haben, brauchen sie uns noch immer. Sie müssen wissen, dass wir da sind, bereit und willig ihnen zu helfen, wenn sie uns brauchen. Im Kapitel 9 hatte ich einen Besuch bei Carey und ihren Freundinnen in der Universität erwähnt, als sie dort im ersten Semester war. Alle diese jungen Leuten waren sehr glücklich im Seminar und mit ihren neuen Freunden – aber sie hatten alle die gleiche Beschwerde – sie hörten selten von ihren Eltern. Nicht genügend Anrufe, Briefe oder Besuche!

Als wir dies später Carey erzählten, gab sie zu, dass sie sich genauso gefühlt hätte, was mich erstaunte. Aber nachdem ich darüber nachgedacht hatte und mich an meine ersten Tage fern von zu Hause erinnerte, begann ich das zu verstehen. Die Entwöhnung aus einer guten Eltern-Kind-Beziehung ist langsam und oft schmerzlich. Seit diesem Wochenende haben Pat und ich es uns zur Regel gemacht, Carey jeden Sonntagabend anzurufen, damit sie auch wirklich weiß, dass wir an sie denken, dass wir für sie beten und dass wir bereit sind, zu helfen, wo wir können.

Ein weiteres charakteristisches Merkmal für die Trennung von den Jungen ist ihr Bedürfnis nach Unveränderlichkeit. Alles soll so bleiben, wie sie es verlassen haben. Dies hilft den jungen Leuten, sich sicher zu fühlen. Es ist gut, so viele Dinge wie möglich so zu lassen, wie sie sind, insbesondere Räume und persönliche Besitztümer. Der Teenager fühlt sich furchtbar gekränkt, wenn er nach Hause kommt und sein Zimmer ist dem jüngeren Bruder oder der Schwester übergeben worden; und seien Sie nicht so schnell dabei, Ihr Haus zu verkaufen und in ein kleineres zu ziehen. Ich habe mehrere Jugendliche gehört, die sagten: „Ich hoffe so sehr, meine Eltern verkaufen niemals unser Haus, ich möchte immer wieder nach Hause gehen können."

Aber der wichtigste Anker der Sicherheit, den ein Jugendlicher hinter sich lässt, ist die eheliche Beziehung seiner Eltern. Eines der zerstörerischsten Dinge, die einem Jugendlichen kurz nach Verlassen seines Heims passieren können, ist die Trennung oder Scheidung seiner Eltern. Es ist ein Gedanke, der die Fundamente seines ganzen Daseins zerbrechen kann. Und doch ist es verwunderlich, wie viele Eltern tatsächlich planen: „Um der Kinder willen bleiben wir zusammen, solange diese noch im Hause sind; wenn sie weg sind, lassen wir uns scheiden." Das ist außerordentlich unklug. Nicht nur, dass dadurch die

Grundlage des Kindes zerstört wird, gleichzeitig geschieht dies zu einer Zeit, wenn es den meisten Halt braucht, wenn es verzweifelt versucht, sich auf ein neues Leben, neue Freunde usw. einzustellen. In den meisten Fällen wird der junge Mensch von schweren Schuldgefühlen belastet. Gleich wie unvernünftig dies klingen mag – der junge Mensch hat das Gefühl, dass er irgendwie verantwortlich ist, auch für die schlechte Ehe oder für die Scheidung der Eltern.

Wenn eine Scheidung unvermeidbar ist, ist es viel besser, wenn sie lange genug vor dem Weggang des Kindes aus dem Elternhaus stattfindet, damit dieses die natürlichen Gefühle des Verlustes und des Schmerzes mit der Hilfe von Eltern, Freunden und des Geistlichen verarbeiten kann, bevor es die schwere Aufgabe übernimmt, sich allein in der Welt zurechtzufinden.

Ich kenne einen jungen Mann, der glaubte, dass seine Eltern in der Ehe glücklich waren, als er zur Universität ging. Innerhalb von 3 Monaten waren sie geschieden. Die Mutter verheiratete sich kurz darauf wieder und verkaufte das Heim der Familie. Sven kommt selten heim, weil dies so deprimierend für ihn ist; seine Basis der Sicherheit ist zerstört worden. Sie können sich vorstellen, was dies für sein Wohlbefinden bedeutet hat. Ein anderer wichtiger Faktor ist, wenn die Kinder das Elternhaus verlassen, dass sie weiterhin mit Institutionen der Sicherheit und Stabilität verbunden bleiben. Eine davon ist die Kirche. Es ist wichtig, dass wir nicht nur mit unseren Kindern regelmäßig zur Kirche gehen, sondern dass wir alles tun, was wir können, um die Gemeindeerfahrung für sie angenehm zu machen. Eine gute Jugendgruppe ist sehr wichtig, besonders in den Jahren von 10 bis 18. Wenn unsere Kinder dann zur Universität oder zur Arbeit weitergehen, müssen wir sie nicht erst ermutigen, sich in christlichen Aktivitäten zu engagieren.

Wahl des Ehegatten

Eine der Prioritäten, die Eltern sich setzen sollten, besteht darin, sich zu vergewissern, dass ihre Kinder die Qualitäten erkennen können, die ein guter, zukünftiger Ehegatte haben muss. Es ist nicht leicht für einen Teenager, Charaktereigenschaften bei einem Gleichaltrigen zu entdecken, die auf seine Fähigkeit hinweisen, ein guter Ehegatte oder guter Vater oder eine gute Mutter zu sein. Da das „Zusammen gehen" in gewisser Weise eine künstliche Situation darstellt, kann ein junger Mensch sich oft an wenig mehr orientieren, als daran, wie wohl er sich mit dem Menschen beim Zusammensein fühlt.

Wenn man sich nur auf solche oberflächlichen Gefühle verlässt, kann dies natürlich katastrophale Folgen haben. Ich muss regelmäßig junge Menschen beraten, die diesen tragischen Fehler gemacht haben; sie haben sich auf ihre Gefühle verlassen, als sie beschlossen, mit einem Menschen zusammen zu gehen oder ihn zu heiraten, anstatt andere, viel wichtigere Faktoren zu berücksichtigen. Eines der ersten Dinge, die ich Carey in diesem Zusammenhang lehrte, war, sich den Charakter eines Jungen anzusehen, und zwar zur gleichen Zeit, wie sie die Gefühle aufnahm, die er bei ihr erregte. Ich erklärte ihr, dass der beste Indikator dafür, wie er seine Ehefrau nach der Eheschließung behandeln wird, ist: „Wie behandelt er zur Zeit die Person, die er nicht unbedingt rücksichtsvoll behandeln muss, wie zum Beispiel ältere Menschen, Unangenehme oder Hilflose." Ich sagte ihr, sie solle beobachten, wie er Menschen in Dienstleistungsberufen behandelt, z.B. Kellner und Kellnerinnen.

Eine dritte Überlegung – die Carey später wirklich übernahm – zu beobachten, wie er Kinder behandelte und wie er sich mit Kindern beschäftigte, besonders mit den kleinen. Denn, sehen Sie, Carey hat zwei jüngere Brüder, die sich ausgezeichnet als „Versuchskaninchen" eigneten. Bevor ich ihr diese Einsichten gegeben hatte, pflegte sie David und Dale wegzuschicken, bevor einer ihrer Kavaliere erschien. Nach unserem Gespräch bat sie David und Dale, die Tür aufzumachen und mit dem Kavalier zu sprechen, während sie sich „fertig machte". Es war interessant zu beobachten, wie Carey ihren Freund von einem versteckten Platz aus beobachtete, um zu sehen, wie er mit ihren Brüdern zurechtkam. Unsere Diskussion hatte Carey wirklich geholfen, die Jungens, mit denen sie ausging, besser zu erkennen.

Aber ich muss zugeben, dies hat sich einmal als Bumerang für mich erwiesen. Als sie auf der Universität war, verliebte sie sich dort in einen Studenten und brachte ihn mit zu uns, damit wir ihn kennen lernten. Damit er einen guten Eindruck auf mich machte, gab sie ihm spezielle Anweisungen, mit David und Dale nett umzugehen.

Ein anderes Merkmal einer Person, die einmal einen guten Ehepartner bzw. eine gute Mutter abgeben wird, ist die Fähigkeit, zu argumentieren. Dies ist kritisch in der ehelichen sowie in der Eltern-Kind-Beziehung. Um ein vernünftiger Mensch zu sein, muss man auch gut argumentieren können. Wenn ein Mensch argumentieren kann, hat er gewöhnlich die Fähigkeit, zu einem Einverständnis oder Kompromiss in familiären Konflikten zu kommen. Mit anderen Worten: ein Mensch kann von seinem Standpunkt aus argumentieren – muss aber bereit sein, zurückzustecken und zu einem Einverständnis mit Ehegatte oder Kind zu kommen, wenn sich seine Ansicht als falsch erwiesen hat. Andererseits: ein Mensch, der nicht argumentieren kann, wird fast immer auch unvernünftig sein. Er wird nicht in der Lage sein, seinen Standpunkt in einem Konflikt zu erläutern, sondern wird wahrscheinlich nur fordern können.

Diese Charaktereigenschaften können – wenn man sie sucht – schon nach kurzer Zeit identifiziert werden, insbesondere in einer Situation, in der ein Mensch ärgerlich ist. Ein Mensch, der niemals ärgerlich wird, sollte einem verdächtig sein. Er könnte möglicherweise ein passiv-aggressiver Mensch sein, oder er hat vielleicht nicht die charakterlichen Fähigkeiten, eine wirkliche emotionale Bindung zu einem anderen Menschen herzustellen. Jeder dieser Charaktertypen ist schwierig für ein Zusammenleben. Wir müssen jedoch zugeben, dass es wirklich Menschen gibt, die nicht gleichgültig sind, aber so wenig reizbar, dass man sie selten zu einer Wut hinreißen kann. Ich beneide sie, aber sie sind selten.

Ein weiterer Indikator, der außerordentlich wichtig, aber schwer zu erkennen ist, ist die Fähigkeit eines Menschen, mit Ambivalenz umzugehen. Ambivalenz bedeutet, dass man entgegengesetzte Gefühle für ein und denselben Menschen hegt. Obwohl Ambivalenz schwer feststellbar ist, meine ich, der beste Weg, sie zu erkennen, ist, die Toleranz eines Menschen gegenüber verschiedenen Arten von Menschen zu beobachten. Z.B.: Betrachten Sie einen Menschen, der starke und kompromisslose Meinungen über alles hat. Für ihn gibt es keine Grauzonen, keinen Raum für Kompromisse über irgendetwas. Er sieht die Menschen als entweder völlig in Ordnung oder völlig falsch, ganz gut oder ganz schlecht. Dieser Mensch kann nicht einsehen, dass in jedem Menschen etwas Gutes und Schlechtes, etwas Angenehmes und Unangenehmes steckt. Wir alle haben ambivalente Gefühle. Mit ihnen umzugehen – und zwar bewusst –, ist ein Indikator für Reife. (Siehe Kapitel 2 „Kinder sind wie ein Spiegel", wo über Ambivalenz eingehender gesprochen wird.)

Noch eine gute Methode, um festzustellen, was für eine Art Ehepartner oder Mutter bzw. Vater ein Mensch sein wird, besteht darin, zu beobachten, wie er mit seinen eigenen Eltern, Brüdern, Schwestern, Großeltern, anderen Verwandten und alten Freunden umgeht. Dies ist eine ausgezeichnete Indikation, wie er seinen Ehepartner und seine Kinder in der Zukunft behandeln wird.

Seien Sie optimistisch

In unseren Gesprächen über junge Menschen haben wir über einige schmerzliche Dinge gesprochen; aber wir haben auch darüber gesprochen, wie wir optimistisch und hoffnungsvoll hinsichtlich unserer Teenager und ihrer Zukunft sein können und müssen. Ja, viele unserer Jugendlichen haben schwere Probleme – einige von ihnen sehr schwere. Aber viele gehen doch einen sehr guten Weg und sind für mich immer eine große Ermutigung. Kürzlich hatten wir die Studenten unserer Kirche zu Besuch zu Hause. Welch eine erhebende Zeit für mich zu erleben, wie diese warmherzigen, reifen, lebendigen und liebenswürdigen jungen Menschen waren. Ich bestätigte mir selbst, dass unsere Anstrengungen der Mühe wert gewesen waren.

Weitere Titel von Ross Campbell

Kinder sind wie ein Spiegel
Ein Handbuch für Eltern, die ihre Kinder
richtig lieben wollen
Bestell-Nr. 330 388
ISBN 3-86122-388-0
112 Seiten, Paperback

Wohl alle Eltern fragen sich irgendwann: „Was mache ich nur verkehrt, wie kann ich es besser machen?" Gemeint ist der Umgang mit unseren Kindern, der sich in der heutigen Zeit so schwierig gestaltet. Der Psychiater Ross Campbell hat auf viele Fragen eine Antwort: Bedingungslose Liebe. Allerdings – es reicht nicht, wenn wir unseren Kindern sagen, dass wir sie lieben, wir müssen es ihnen so vermitteln, dass sie es fühlen und sich angenommen wissen, so wie sie sind.

Kinder sind wie ein Spiegel: Sie reflektieren alles, was wir ihnen schenken. Und wenn wir ihnen viel Liebe schenken, werden sie sich fröhlich und gesund entwickeln.

Kinder sind Persönlichkeiten
Geistliche Begleitung durch die Kindheit
Bestell-Nr. 330 450
ISBN 3-86122-450-X
180 Seiten, Paperback

Jedes Kind ist eine eigene Persönlichkeit und
entwickelt seinen eigenen Zugang zu Gott.
Begleiten Sie Ihr Kind auf diesem Weg in der
richtigen Balance zwischen ungesundem Druck
und falscher Zurückhaltung.
Dieses Buch sagt Ihnen wie.

Bevor der Kragen platzt ...
Vom Umgang mit Aggression und Ärger
in der Erziehung
Bestell-Nr. 330 548
ISBN 3-86122-548-4
260 Seiten, Taschenbuch

Kennen Sie das? Die Kinder bocken, und Ihnen geht der Gaul durch. Kann passieren, doch auf lange Sicht ist die Erziehung kein Rodeo – noch nie war es für Eltern so wichtig wie heute, mit den guten und den schlechten Seiten des Zorns umgehen zu können. Lassen Sie sich von Dr. Campbell ausbilden zum Jockey Ihrer Emotionen!

Versuch's doch mal mit Liebe
Das kleine Einmaleins der Erziehung
Bestell-Nr. 330 508
ISBN 3-86122-508-5
192 Seiten, Paperback

„Meine Kinder – starke Persönlichkeiten, die mit beiden Beinen in einem Leben stehen, das Gottes Gaben und Talente voll zur Geltung bringt."

Ein realistisches Ziel für Ihre Erziehung in einer pluralistischen Welt, die die althergebrachten Werte nicht mehr kennt?
Durchaus – meint Dr. Ross Campbell. Sie müssen bereit sein, neue Wege zu gehen. Verhaltenskontrolle reicht nicht mehr, mündig kann Ihr Kind nur werden, wenn Sie ihm helfen, Verantwortung für sein Verhalten zu übernehmen. Agieren statt reagieren ist angesagt. Werden Sie zum Innenarchitekten einer Kinderstube, die Ihrem Kind alles bietet, was es für den Start in sein Leben braucht: Liebe, Anerkennung, Anregung und Herausforderung.
Dieses Buch liefert Ihnen die Gestaltungsideen.
Denn – egal wie klein: Ihr Kind ist eine Persönlichkeit. Es ist für seine Selbstwahrnehmung, für seine Beziehungsfähigkeit und für seine auf die Ewigkeit angelegte Seele von entscheidender Bedeutung, wie sie geprägt wird.

Gary Chapman & Ross Campbell
Die fünf Sprachen der Liebe für Kinder
Wie Kinder Liebe ausdrücken und empfangen
Bestell-Nr. 330 335
ISBN 3-86122-335-X
168 Seiten, Paperback

Verstehen Sie wirklich, was Ihre Kinder sagen? Jedes Kind spricht und versteht eine ganz bestimmte „Muttersprache" der Liebe. Das sind die Signale, die ihm eindeutig sagen, dass seine Eltern es lieben. Damit aus unseren Kindern verantwortungsbewusste Erwachsene werden, müssen sie sicher sein können, geliebt zu werden. Nur durch die Liebe erfährt ein Kind die Geborgenheit, die es zu einem sich verschenkenden und liebesfähigen Menschen heranwachsen lässt.

Gary Chapman
Die fünf Sprachen der Liebe für Teenager
Bestell-Nr. 330 488
ISBN 3-86122-488-7
256 Seiten, Paperback

Ihr Teenager braucht das Wissen, geliebt zu sein. Doch es ist gar nicht so leicht, Liebe zu vermitteln, denn jeder Mensch verbindet andere Gedanken und Gefühle mit diesem Begriff. Was also sind die Worte, die das Herz Ihres Teenies öffnen?

* Finden Sie den Schlüssel und lernen Sie, Ihre Liebe so auszudrücken, dass Ihr Teenager sie auch versteht.
* Entschlüsseln und lernen Sie die Sprache der Liebe, die Ihr Teenager spricht.
* Verstehen Sie, warum Heranwachsende anders geliebt sein wollen als die jüngeren Kinder.
* Entdecken Sie den Grund dafür, warum manche Teenager sich daneben benehmen.
* Erkennen Sie die besonderen Ansprüche, die eine gute Erziehung heute an Alleinerziehende und Patchwork-Familien stellt.
* Stillen Sie das elementare Bedürfnis Ihres heranwachsenden Kindes nach Liebe, indem Sie die Fünf Sprachen der Liebe lernen.